U0724076

# 『情感教育 愉快教学』

## 美术自主欣赏社团开发学生自主能力的探究

胡 云／著

东北师范大学出版社

长 春

**图书在版编目（CIP）数据**

"情感教育　愉快教学"美术自主欣赏社团开发学生
自主能力的探究 / 胡云著. —长春：东北师范大学出
版社，2020.12
ISBN 978-7-5681-7792-4

Ⅰ.①情… Ⅱ.①胡… Ⅲ.①艺术教育—教学研究—
中小学 Ⅳ.①G633.950.2

中国版本图书馆CIP数据核字（2020）第262556号

□责任编辑：李亚民　　　　　　□封面设计：言之凿
□责任校对：刘彦妮　张小娅　　□责任印制：许　冰

东北师范大学出版社出版发行

长春净月经济开发区金宝街 118 号（邮政编码：130117）

电话：0431-84568115

网址：http://www.nenup.com

北京言之凿文化发展有限公司设计部制版

北京政采印刷服务有限公司印装

北京市中关村科技园区通州园金桥科技产业基地环科中路 17 号（邮编：101102）

2022年6月第1版　　2022年6月第1次印刷

幅面尺寸：170mm×240mm　印张：12　字数：185千

定价：45.00元

# 目录

# 第三篇
# 成果总结——美育课堂优秀案例掠影

# 第一篇 研究缘起

—— 基于课题研究的美育教学改革探索

# 基于项目式学习的小学美术自主欣赏
# 社团活动模式的研究

## 一、课题提出背景

　　小学美术课程是基础教育不可分割的一部分，是义务教育阶段小学生的必修课之一。美术教育的独特性价值决定了美术课程在基础教育中有着其他学科不可替代的作用，小学美术课程对于提高国民整体素质有着巨大的作用和优势。对于绝大多数非艺术专业方向的学生来说，我们所进行的美术教育教学的主要功能是在美育中融合包括德、智在内的综合能力与素质的培养。整个美术教育的过程，除了培养学生美术学科的观察力、表现力、创造力之外，它还应该对全面提高学生综合素质、培养时代所需要的新型人才起到非常重要的作用。

### 1. 社会进步、时代发展的需要

　　社会的快速发展和功利主义思想的强势存在，导致了过分强调基于少数或者部分优秀学生的精英教育，造成学生的美术素养与整体教育状况极其不平衡。一方面，美术学科核心素养目标要求我们当前的美术教育要突破单一技能性教学的误区；另一方面，根据中共中央办公厅、国务院办公厅印发的《关于深化教育体制机制改革的意见》，要注重培养支撑终身发展、适应时代要求的关键能力。而目前的工作坊和学校课堂教学都不能很好地由学科教育来实现核心素养和关键能力的同步提升。

　　2014年3月，《教育部关于全面深化课程改革　落实立德树人根本任务的意见》颁布，为美术教育课程改革的进一步深化提供了更为清晰的目标，进一步阐述了要充分发挥美术教育的育人功能。

**2. 国家美术课程标准规定性要求的需要**

国家美术课程标准的规定性要求：①面向全体学生；②激发学生学习兴趣；③关注文化与生活；④注重创新精神。美术教育主要包括四大课型，①"欣赏—评述"：这一领域注重通过感受、欣赏和表达等活动方式，内化知识，形成审美心理结构。这属于欣赏类的学习活动。②"造型—表现"：是美术学习的基础，其活动方式更强调自由表现，大胆创造，外化自己的情感和认识。③"设计—应用"：学习领域包括设计和工艺学习内容，既强调形成创意，又关注活动的功能和目的。这两类属于创作类的学习活动。④"综合—探索"：这一学习领域提供了以上三种美术学习领域之间、美术与其他学科、美术与社会等方面相互综合、融合的活动，旨在发展学生的综合实践能力和探究发现能力。

**3. 学生长远发展的需要**

小学美术教学是审美能力的培养，是美术素质教育的重点，也是创新意识的基础，让学生在美术学习过程中，激发创造精神，发展美术实践能力，形成基本的美术素养，陶冶高尚的审美情操，完善人格。审美教育是一种感性的情感体验，是自然美、艺术美和社会美的交融，对于陶冶人的情操和审美情趣，提高人感受美、鉴赏美和创造美的能力，促进人的全面发展具有不可缺少的重要作用。

**4. 我校课改成果深化的需要**

我校自2012年开始，开创了我校学生美术自主欣赏社团的活动方式，来作为对课堂教学的拓展与补充，取得了良好的效果。2014年6月，经过罗湖区教科院领导的现场观摩、鉴定和效果核查，决定将这种行之有效的活动方式在全罗湖区所有学校推广。截至目前，我们已经举办了6届全区所有学校的学生美术自主欣赏社团嘉年华活动，活动自推广以来深受广大学生、家长和业内专家好评。

## 二、国内外研究现状述评

国内外对"特色活动课程设计"的研究综述如下：

国外：德国19世纪著名的民主主义教育家第斯多惠认为教育的目的是培养具有"真、善、美"品质的全人，也就是重视人的体力和精神力量和谐发展。这对于反思我国今天的教育困境有极其重要的作用。当今中国受功利主义的影响，教育目的是为学生的未来职业发展做准备，似乎成了大多数人的价值观。而学生成了这种压迫式教育的牺牲品，学生厌学、逃学现象严重，甚至演变为自杀或杀人的人间惨剧，这其实就是忽视学生全面和谐发展的教学理念的后果。

美国教育家、哲学家、心理学家杜威认为："正是由于人民赋予了教育功利主义思想，使教师和学生的工作成为机械的、奴隶性的工作。"杜威反对在教育过程以外强加给教育一个目的。因为这种目的将极大地损害教育的功能，而使教育自身的发展偏离方向，使教育的目的和手段分离，限制了教师的智慧和学生潜能的自由生长。他反对学生从教师口中听来的知识，这不是真正的知识，犹如从工具箱中取出工具而不是制造工具一样。学生聆听和记诵教师的讲解，处于消极被动地位，结果是抑制学生的活力。教学不是直接注入知识，而应诱导学生在活动中获得经验和知识，应"从做中学"。

关于自主学习，包括美国行为主义心理学家桑代克在内的学者认为：所谓自主学习，就是学习者对于为什么学、能不能学及如何学等问题有自觉的、主动性的意识和反应。亦有学者认为：当学生在元认知、认知动机和认知行为三方面都集中于同一个参与者时，那么他的学习便是自主的。

国内：我国把美育列为教育方针的组成部分，为蔡元培先生首创。他认为，美育的作用在于"陶养吾人之感情，使有高尚纯洁之习惯，而使人我之见、利己损人之思念，以渐消沮者也"。蔡元培先生主张"五育"并举，主张"以美育代宗教"，他在北京大学亲自开设、讲授的唯一一门课程，便是"美育"。在梁启超看来："缺乏高尚目的实吾中国人根本之缺点也。"就是要有一种对于真善美的追求。王国维对美育有独特性的认识，他在《论教育之宗旨》一文中写道："教育之宗旨何在？在使人为完全的人物而已。何谓完全之人物？为人之能力无不发达且调和是也。……完全之人物不可不备真善美之三德，欲达此理想，于是教育之事起。"王国维看到了审美超越功利、道德的终极价值，看到了这种非功利性对人的精神境界的提升作用，强调的是美育对于扩展胸襟、陶育情怀的独特作用。

我国著名学者、教育部新课程教学专业支持工作项目组召集人余文森教授也认为：主动性、独立性、独特性、意义性、交往性、体验性、问题性、创新性是新课程学习方式的八大特性。

特色活动课程是国家课程体系下的校本课程，学校有自主开发的课程，利用校本课程来进行美术教学。国外（以美国为例）由于没有统一的课标，也没有统一的教材，学校的美术教育都属于校本特色活动课程。我国经济发达的大中城市也相当重视特色活动课程的开发，当前学校非常重视培养综合性人才。多样的活动课程体系对学生的成长相当重要，让学生在学校中能体验参与多样性的美术特色课程也是我市美术教育转型中的一个重点。

近年来学生社团活动的重要性已逐渐被各个教育阶段的学校所重视，国内许多教育理论家及关心中学生心理健康的学者均对此做了诸多有益的研究。我国许多省市也设立了相关的教育研究课题，但在学科教学中对学生进行自主欣赏社团的引导创建，还是近几年才兴起的热门研究课题。相关著作诸如张小鹭的《现代美术教育学》，2002年由西南师范大学出版社出版；钱初熹的《迎接视觉文化挑战的美术教育》，2006年由华东师范大学出版社出版；孟沛的《艺术疗法——超越语言的交流》，2009年由化学工业出版社出版。苏联心理学家弗·谢·库津在《美术心理学》一书中指出，"艺术作品对人的心境有很大影响，通常观众在观看油画和雕塑时，会感到喜悦，会产生昂扬的情绪和积极劳动、努力上进的愿望"。苏联美学家鲍列夫在《美术教育学》中说，欣赏艺术"像是认识世界的手段，又是个美术教学对培养学生健康心理的作用自我认识的方法"。

绘画艺术对于心理的调节功能得到了许多专业人士的认可，国内外一些教育理论家和心理学家对此从不同角度进行过阐述。中学生心理发展问题与美术教育的关系已被众多学者所关注，但对于如何切实有效地运用研究、创建并有效实施学生自主欣赏社团，尚缺乏更为系统的分析研究，尤其是对于自主欣赏社团的活动全过程中各教学环节所包含的对学生综合素养发生影响的诸要素的作用分析，还需要做进一步的归纳与探讨。

红桂小学学生美术自主欣赏社团是基于美术课堂教学的学生活动课程的自主欣赏社团活动模式研究，是我校原创的学生美术校本活动课程运作模式。

### 三、本课题研究的主要内容（含核心概念界定、解决"罗湖教改"的问题、研究目标和内容）

本课题主题词的界定（核心素养、自主欣赏、学生社团、活动模式）。

（1）核心素养：本课题研究的核心素养是指新美术课程标准的五个核心标准：①图像识读；②美术表现；③审美判断；④创想能力；⑤文化理解。

（2）自主欣赏：本课题研究的自主欣赏是指，在教师引导下，由学生自由组织、规划、轮流演讲、相互评价、自主发展，以学生喜欢的中外美术家、美术作品、生活中喜闻乐见的美术形式、美术技巧、绘画能力为中心内容，以美术专业小演讲的形式自主完成的整个过程。

（3）学生社团：本课题研究的学生社团是指各班成立的以自主欣赏为主要活动内容的学生团体。

（4）活动模式：本课题研究的活动模式主要是指基于本课题主要实验目标的活动课程存在形态及其运作方式。

### 四、研究思路和重要观点

小学美术自主欣赏社团在四年级以上的所有班级开展，以班级为单位，由兴趣相同或者类似的同学，自主、自愿地组成一个团队，有一些班级由于学生参与意识和热情都比较踊跃，甚至一个班成立了2—3个由不同学生组成的自主欣赏社团。美术社团在教师引导下，以学生美术技巧、绘画能力作为社团活动的中心内容，以团队小演讲作为主要的呈现方式，由学生自由组织、规划、轮流演讲、彼此合作、相互评价、自主发展，以学生喜欢的中外美术家、美术作品、生活中喜闻乐见的美术形式、美术技巧、绘画能力为美术专业小演讲的中心内容，继而可以形成以美术学科为载体的学生全面能力的发展〔组织运作、团队合作、实操分工、互相学习（取长补短）、自主意识、科学态度、主动表达、自我认同〕。通过社团活动还可以推动学生的采编能力、信息处理能力、自助学习能力、文字及口头表达能力、活动过程性记录能力、协调能力、团队合作与协调能力等综合能力的全面发展。在社团活动时，及时记录自己的社团活动及作品形成的过程照片与视频，并及时上传，培养了学生资料保存和记录的良好习惯，为社团的总结、归纳与传播留下相关资料。工作室老师也应该及时记录工作室活动的相应图片和视频资料。老师的角色是通过支持、建议和指导来帮助学生更好地学习。老师必须使学生们建立敢于接受难题的自信心，鼓励学生，并且在必要时拓展他们对问题的理解。

通过平衡组织运作、团队合作、实操分工、互相学习、自主意识、科学态度、主动表达、自我认同等方面的相互关联、相互影响且相互促进的互联关系，这种社团区别于其他工作室的专业高度，以及其他学校的单一专业技巧训练的大面积覆盖。目前各学校的中小学生技能型社团普遍存在学生自主性不够、活动及表现形式单一，使得学生成长的形式和路径稍显狭窄的现象，而我们学生活动课程中的海报表现形式被无限扩展，不是拘泥于类似版画、剪纸、泥塑或者油画的单一表现形式，而是有效地融合并贯串了美术各专业不同的表现技法与技能，使得学生可以用一种综合表现的艺术形式来自由、自主和自助地表达，从而有效地拓展了学生艺术表现的自由性、自主性、自助性和多样性，尝试构建以学生自主学习为主体特征的美术校园文化。将学校美术课堂教学标准与学生具体的基于美术学科特征（美术欣赏、造型能力、综合制作等）的实际操作，在社团活动实践中去检验和展示美术课堂的双基能力，社团活动的实际能力来自美术课堂教学的学习效果，从而达到学生的实际操作与教师的课堂教学相互促进、共同提高的效果与目的，初步形成了知行合一的学生美术自主欣赏社团的活动模式。

## 五、依据理论、研究方法、研究阶段和实施步骤

### 1. 依据理论

（1）《全国义务教育美术课程标准（2011版）》：美术课程特别重视对学生个性与创新精神的培养，采取多种方法，帮助学生学会运用美术的方法，将创意转化为具体成果。通过综合学习和探究学习，引导学生在具体情境中探究与发现，找到不同知识之间的关联，发展综合实践能力，创造性地解决问题。美术课程资源主要包括学校资源、自然资源、社会资源和网络资源。美术课程资源的开发有利于丰富美术教学的内容，提高美术教学的效益，突出地方美术教育的特色。地方课程资源非常丰富，各地美术教研机构、研究人员和教师应努力做好开发工作，有组织地在当地进行调查、了解，分类整理，充分加以利用，积极编写校本课程与材料。

（2）多元智能理论：美国心理学教授霍华德·加德纳指出："智能是在某种社会或文化背景下，个体用于解决自己遇到的难题或生产及创造有效产品的能力。"智力不是一种单一的能力，而是以整合的方式共同产生作用。

### 2. 本课题研究的方法

（1）文献研究法：研究与本课题的学习方式、教学方法、项目式学习及社团活动相关的论著，查阅国内外相关研究成果和教育观点，查阅与合作探究、自主学习、自我认同相关的文献资料。

（2）调查研究法：把参与美术自主欣赏社团的学生的班级（四年级以上）作为调查对象，通过在本课题实验研究过程中发现困难和问题，研究办法与对策，及时处理好突发情况，使研究顺利进行。

（3）行动研究法：我们在本课题具体的实践操作中，为了解决社团活动实际运作中出现的各种问题，我们运用一定的研究方法和策略，采取必要的解决办法。

（4）实践及个性化研究：在本课题的研究实践过程中，针对各个实验研究环节出现的问题，找出优化方案，寻求最佳方式，对其中具有代表性和典型性的案例进行个性化分析和研究，并对后续研究进行持续跟进，最后进行评价和

总结。

（5）引入使用"思维导图"的思路，让学生自我构建自己的美术知识体系框架，并初步具备自我总结和归纳新知识的能力。

**3. 本课题研究的内容（指待研究主要问题的具体化）**

（1）探究项目式学习对于社团学生的创造力、合作和领导力、动手能力、规划项目及执行力的影响。

（2）探究社团学生在团队学习过程中，获得并运用知识与技能解决问题、规划项目、操作实施、加强小组沟通和合作的技巧和能力。

（3）借助学生美术自主欣赏社团的活动，让学生通过平衡组织运作，在团队合作、实操分工、互相学习、自主意识、科学态度、主动表达、自我认同等方面获得能力提升。

（4）借助学生美术自主欣赏社团的活动，指导、归纳和总结学生的专题小演讲，以此形成社团活动课程的校本教材。

**4. 研究目标**

以欣赏课等美术教学四大课型为载体，实现对学生综合能力的发展。其中包括：学习兴趣的持续发展、发现并解决问题的能力、合作探究能力、概括归纳提炼知识的能力、美术表现和语言能力、独立思考和个性发挥教学内容的能力。

**5. 资源共享**

引入罗湖区优秀工作室主持人的专业技巧讲座，提升和拓展学生综合美术的表现能力，使得罗湖区现有的优秀专业美术学科资源成为我校学生能力发展的不竭动力。

**6. 过程记录**

通过对作品、活动视频与照片、Moodle平台、课堂教学手段、QQ群及团队活动的过程记录等，形成对学生成长过程的全方面评价数据。

**7. 研究阶段和实施步骤**

第一阶段：学习准备阶段（2018年12月—2019年7月）

（1）制定工作室工作计划。

（2）工作室成员制定三年成长规划。

（3）通过协商，制定并采取"师傅带徒弟+集中培训+自主学习"相结合的方式，努力提高课题组所有成员的专业技能、教学水平、理论研究水平等综合素养，进一步研制课题组运行和推广模式，确定并完善课题组三年总体规划。

（4）调研成员已经担任的省、区级课题研究任务，进行省、区级课题的研究规划与分工申报。

（5）建立课题组成员的专业成长档案和课题组建设档案，为课题组成员的成长足迹及工作室的发展过程和后续发展积累、提供丰富而宝贵的资料。课题组成员以表格的形式呈现教师姓名、性别、年龄、学历、毕业院校、专业特长、在工作室中的分工及任务。

第二阶段：全面实施阶段（2019年7月—2020年7月）

课题组成员在日常教育教学过程和活动中进行课题研究，教研结合，举办两次全区的美术教学研讨活动（教学、教研、竞赛）；举办4—6次由课题组成员承担的美术科研训的培训工作；组织两次工作室成员的省级名师工作室考察活动；组织一次课题组校本教材的外区推广活动；组织两次课题组成员的外出学习活动。

在不断提升成员的教学能力与水平，尽可能地发挥课题组成员引领作用的同时，随时积累相关素材和成长资料，课题组成员要积极撰写相关论文2篇、教育叙事4篇。

第三阶段：总结反思阶段（2020年7月—2021年7月）

课题组成员成果及成长档案的归纳与整理，并形成工作室发展路径、教育教学论文集、教学设计案例集、工作室成长影集及录像、工作室教师成长档案集、学生成长案例集。

在此基础上，工作室成员应不断反思、改进、完善、总结，出色地完成工作室的教学与研究任务，形成一系列成果，再力争培养出一批教研、教学能手，使工作室在更广阔的范围内发挥更好的示范引领作用。

## 六、预期成果成效

探索有利于学生综合能力和美术素养提高，以及基于学校基本现状的适合中小学学校课程和校园文化建设的合适途径，使学生形成自身美术综合素养的自我发展与反思评价。在课堂之外的美术社团活动中，随着新问题、新疑惑的出现，学生自主产生和反馈给老师的是"老师能不能教我这个"，学生学习的主动性和主体性得以实现，继而实现以美术学科为载体的学生全面能力的发展〔组织运作、团队合作、实操分工、互相学习（取长补短）、自主意识、科学态度、主动表达、自我认同〕。以学生美术技巧、绘画能力作为社团活动的中心内容，形成以班级美术文化特色为基础的学校综合校园文化主体，初步形成自我认识、自主学习、自我表达、自我评价、自我反思的学生自主学习的学校课程，逐渐发展并积淀成为学校文化。社团活动可以推动学生的采编能力、信息处理能力、自助学习能力、文字及口头表达能力、活动过程性记录能力、协调能力、团队合作与协调能力等综合能力的全面发展，从而实现以学生的美术专题小演讲为主要呈现方式，带动学生以下几个方面的全面发展：

（1）学生自我发现能力：通过班级美术社团活动，以班级社团自主设立的演讲主题为线索，寻找自身具备的优势与特点，或者自主地学习、培养团队演讲主题所需要的能力知识与能力，能够为班级社团的综合呈现贡献出自己的力量，从而发现自身所具备的唯一性，以及与其他同学同属于共同团队的归属感，并从中获得自信。

（2）学生自我表达能力：以学生美术专题小演讲（语言表达、行为表达、示范作品展示等）为引领方式，继而以学生美术作品展览（以美术专题小演讲宣传招贴画、学生示范作品）作为展示手段，在演讲过程中，由本次演讲的学生社团成员向学校领导、老师、同学、家长及亲人朋友发出邀请，学校领导、老师、各年级各班的美术社团成员、家长及有兴趣的其他人员（亲人和朋友）分别对演讲语言、活动组织、PPT制作、团队合作效果等方面填写活动评价表（做出基于自身观点和看法的评价），并以具体量化的分数对各班的美术社团组织的演讲活动进行评价反馈，使得各班美术社团的所有成员能够得到对自己参与组织活动的一个基于多方立场和观点的客观而充分的评价，有助于他们对今后的演讲进行调整和完善。从而以班级美术社团带动全班同学共同参与社团活动，继而形成具有班集体特色的班级美术文化，最终形成以班级美术文化特点为基本主体的校园文化特色。

（3）学生自我修复能力：基于学校课堂美术教学的基本内容，以学期及过往学习过的美术知识及技能为基础，形成以美术专题小讲座为主要载体的美术实践呈现形式，激发和引导学生自主学习的主动性。所有社团会在每周的固定时间，一起讨论本次演讲的收获与体会、缺点与遗憾，这成为学生自我修复、完善的过程。成为可以以自主修复为主要特征的组织、开展、总结、反思、提升的基本成长路径。

（4）学生组织协调能力：在各班美术社团共同讨论并确定演讲主题后，通过共同构思、共同创意、共同创作、共同组织、共同展示、共同反思等团队活动，让学生之间的观念、能力、意识相互碰撞，逐步达到共同发展并懂得相互协调。

（5）社团活动的过程记录能力：每个社团配发一部平板电脑，由专门的同学负责在社团活动时记录（照片、录像、文字感受、老师的过程性指导意见、社团在活动中的感受与困惑、优势与缺点等），并及时上传到学校MOODLE平台、学校学生美术社团QQ群及微信群中关于社团活动的相应讨论区，可以和学校不同年级、不同班级的其他社团的同类记录做一个比较，既可以成为社团之间的评价数据和学习参照，又可以成为各班美术社团活动的过程性评价的直观依据。

（6）学生自我评价反思：通过活动前、活动中及活动后的相互评价与对比，老师评价，家长评价，让学生对自己在活动中的表现进行反思和总结，从而形成全面客观的自我评价。

（7）美术社团健康发展的研究目标：使美术社团成为红桂小学独特的以美术教育教学来带动学生综合能力发展的校园文化特色。社团在教师的引导下，由学生自由组织、规划、轮流演讲、相互评价、自主发展，以学生喜欢的中外美术家、美术作品、生活中喜闻乐见的美术形式、美术技巧、绘画能力为美术专业小演讲的中心内容，形成以班级或年级文化特色为基础的学校综合校园文化主体（图1）。

学生美术自主欣赏社团与课堂教学关系重构图

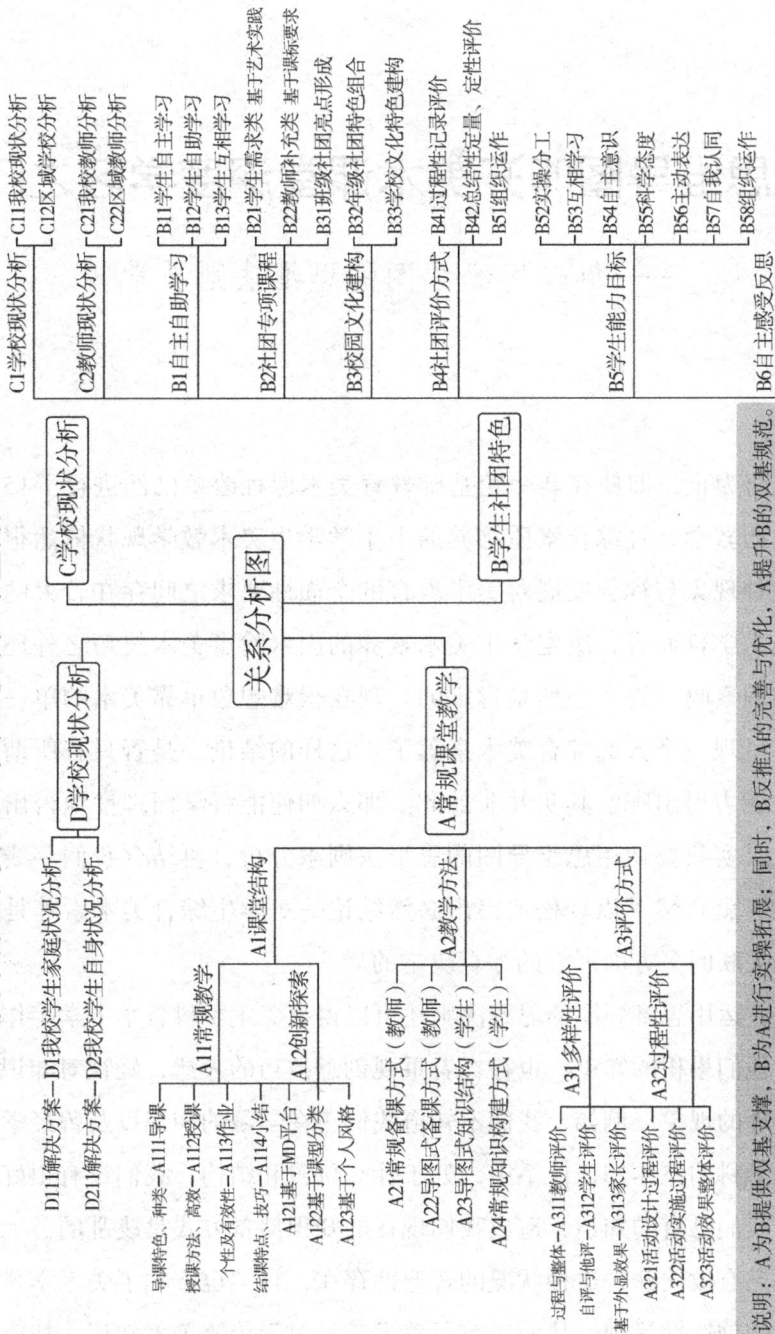

关系分析图

**C学校现状分析**
- C1学校现状分析
  - C11我校现状分析
  - C12区域学校分析
- C2教师现状分析
  - C21我校教师分析
  - C22区域教师分析

**B学生社团特色**
- B1自主自助学习
  - B11学生自主学习
  - B12学生自助学习
  - B13学生互相学习
- B2社团专项课程
  - B21学生需求类 基于艺术实践
  - B22教师补充类 基于课题要求
- B3校园文化建构
  - B31班级社团亮点形成
  - B32年级社团特色建构
  - B33学校文化特色建构
- B4社团评价方式
  - B41过程性记录评价
  - B42总结性定量、定性评价
- B5学生能力目标
  - B51组织运作
  - B52实操分工
  - B53互相学习
  - B54自主意识
  - B55科学态度
  - B56主动表达
  - B57自我认同
  - B58组织运作
- B6自主感受反思

**D学校现状分析**
- D1我校学生家庭状况分析
  - D111解决方案、种类
- D2我校学生自身状况分析
  - D211解决方案

**A常规课堂教学**
- A1课堂结构
  - A11常规教学
    - A111导课（导课特色、种类）
    - A112授课（授课方法、高效）
    - A113作业（个性及有效性）
    - A114小结（结课特点、技巧及）
  - A12创新探索
    - A121基于MD平台
    - A122基于课题型分类
    - A123基于个人风格
- A2教学方法
  - A21常规备课方式（教师）
  - A22导图式备课方式（教师）
  - A23导图式知识结构（学生）
  - A24常规知识建构方式（学生）
- A3评价方式
  - A31多样性评价
    - A311教师评价（过程与整体）
    - A312学生评价（自评与他评）
    - A313家长评价（基于外显效果）
  - A32过程性评价
    - A321活动设计过程评价
    - A322活动实施过程评价
    - A323活动效果整体评价

说明：A为B提供双基支撑，B为A进行支操拓展；同时，B反推A的完善与优化，A提升B的双基规范。

图1

13

# 以思维导图叩开美术课堂深度学习之门

## ——例谈思维导图的思维法则教学

到目前为止，即使在新一轮基础教育美术课程改革已然进行了15年的今天，重技巧教学、轻综合素质培养的中小学学生美术教学现状依然很普遍地存在，这种现象与社会发展对美术教育的全面性要求之间存在较大的差距。那么就美术学科而言，决定学生美术素养的因素除了美术技巧之外还存在着其他影响因素吗？答案当然是肯定的。现在很难想象单靠美术的单一技巧来凸显或者呈现一个人的综合美术素养了。这样的结论，是否只有所谓的专家才能够有能力得出呢？其实并非如此。那么如何能科学而理性地得出这样的结论呢？其实只要运用思维导图的思维法则来分析，再结合我们一线教师的教学经验，就自然可以轻松地得出必然结论——学生综合美术素养是由与美术教学相关联的多方面因素的综合决定的。

同样，运用思维导图的思维法则还可以得出美术学科教学中学生作品的艺术创意与他们累积的知识，也存在着重视创意技巧的表达，轻视对知识的逻辑梳理和整理的现象。例如，我们不知道我们正在学习的知识以及曾经学过的知识在美术学科的整体知识体系中，处于什么位置和结构，我们没有很好地去梳理和归纳我们已有的知识，造成我们现在的知识储备方式是凌乱的、无序的，彼此间缺乏有效关联，这种状况的普遍性存在，自然也影响了美术学科教育中学生作品的创造性呈现，从而影响了美术学科对于传统美术知识、技能与观念的传承，也理所当然地影响和阻碍了对于中国传统美术知识、技能与观念的弘扬了。因此，我们可以这样说：合理而充分地使用思维导图这种思维工具，对于我们梳理和规整头脑中的知识结构与体系，完善和提升美术学科的教学工作都有极大的好处。

我们知道，人脑作为人的中枢神经指挥系统，基于它的生物学功能，它对外界的刺激或者信息输入的记忆过程，大致可以认为是输入、保持、分析、输出和控制这样一个过程。在美术学科的课堂教学当中，像教师的教与学生的学这样的教育教学活动，大多都集中体现在人脑记忆对新知识的输入与保持的阶段；而人类特有的思维"格式塔"现象，又为学生接受的课堂新授知识的拓展性发展提供了非常明确的目标。老师的教为"输出"，学生的学为"输入"，为了检验教师的教学效果，或者说体现学生的学习成效，学生在课堂上的"输出"，即课堂作业（作品创作和技巧的熟练），基于"格式塔"现象效应，为教师预设的教学目标的实现提供了主动性的学习欲望和要求。那么美术教师如何利用人类思维的"格式塔"现象、利用思维导图的思维法则，来让学生的学变得积极主动和充满兴趣，从而更有效率和远见地让学生获得更大的成长空间呢？

思维导图作为一种思维工具，似乎的确给我们提供了某种让我们的教与学活动更加趋于完善的可能性。

那么究竟什么是通常意义所认为的思维导图呢？它又是如何影响我们的教学活动的呢？我所认识和理解的思维导图，用简单的一句话来概括，其实质就是将我们抽象的发散性思维及联想的过程进行可视化或者叫视觉化的过程呈现，它是人脑发散性思维的外显状态；准确地说，思维导图还不属于一种发散性思维的标准呈现，它只是建立了一种类似人脑的意识或者是一种高度模仿人脑思考的状态，但是，它把人脑的无形的抽象思维图像化和具体化了，让我们的视觉看见了我们的思维路径，给我们的思维提供了一个可以更加具体地去完善和归纳的机会和空间，这是非常神奇的地方。显然，利用好思维导图这种思维工具及它所带来的思维法则，我们的美术教育教学活动的完善和提升将获得巨大的动力来源。

那么，在实际的教育教学活动中，思维导图真有这么大的作用吗？

根据以上的原因与思考，我们进行了如下基于思维导图思维法则的美术课堂教学的新尝试。

对于学生的学而言：人脑记忆进程的"输入"与"保持"部分的有效应用，美术学科课堂教学的局部知识点与美术学科整体的知识体系之间的关系等都是思维导图可以发挥作用的地方：

（1）学生进行课前预习，添加老师预先设置的预习内容，大家一起来丰富自己的知识体系和结构，更重要的是通过这样的活动，把团队意识和合作精神纳入自己的思想成长过程的同时，学生学习的积极性充分调动了起来，学生被动地接受知识的灌输（输入）变成了主动学习，有效地实现了学生学习的主动性要求，从学生的课堂反应及学习热情就可以看出来。

（2）课后绘制本节课知识点的思维导图（这是基于对课堂知识在头脑中的保持与重新分析整理的需要），集合每天收获的点滴知识，了解和找寻这些点滴知识在美术学科整体知识结构中的位置，帮助学生能够路径清晰、思路明确地在头脑中形成美术学科的知识点结构的大树。手绘思维导图是美术课堂教学的基本要求，基于互联网的主动学习，提高学生的学习效率，促进了同学之间的学习成果分享，这是基础。对于改变学生的学，我是这样做的：

首先是在我们的常规课堂教学活动中，我尝试把广东省岭南版教材中一个单元的课程（一个学期的课程通常分为五个单元，每个单元通常分不同内容的3—5课）合并。例如，六年级上册第五单元的主题是"民族艺术的瑰宝"，第五单元还分了如下四个教学部分：①多姿多彩的民族服饰；②形形色色的民族乐器；③有声电影的鼻祖——皮影戏；④走进传统戏曲人物。作为一线教师，按照惯例是把这四个部分的课程，按照先后次序逐一分别上完。基于应用思维导图的思维法则的思考，我在教学方法上进行了新的尝试。我告诉同学们，我们将这四部分的内容合并一起上，首先布置同学们对第五单元的全部内容进行全面预习，不会不懂的地方自己去查百度百科，再用思维导图的思维方式（课前不需要画思维导图）在头脑中进行归纳和梳理，也可以做简单的笔记和进行关键词式的归纳，课堂上老师和学生进行充分交流和分享。我设计了学生非常感兴趣的课堂分组比赛得分的形式，很好地调动了学生主动学习的兴趣，文中"学生思维导图作业（2）"（图1）就是学生课后整理的课堂分享内容的思维导图作业（思维导图的画法已经提前教给了学生）。这样，学生不但学习和了解了本单元应该学习的内容，而且很好地将相对零乱无序的知识点进行了梳理，很好地将局部知识进行了归类处理并系统化，这是利用思维导图的最大好处。

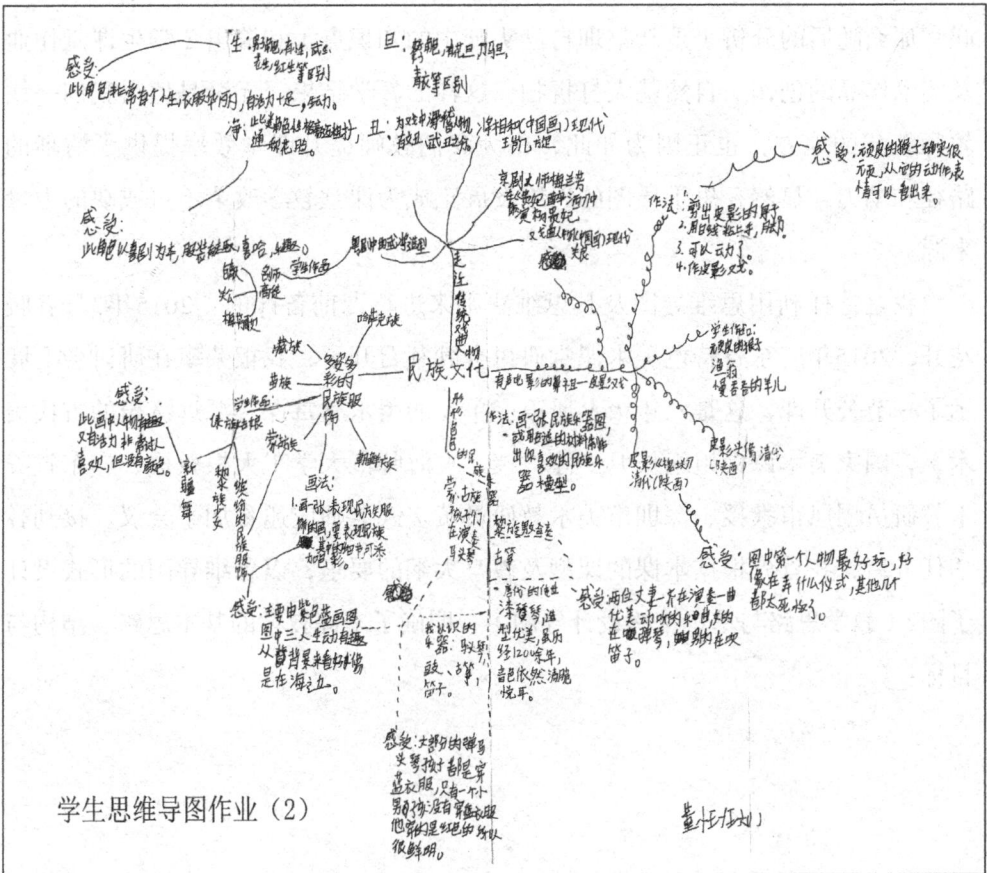

学生思维导图作业（2）

图1

而对于老师的教而言：美术学科的阶段性总体知识点的梳理和归纳、学年及学期课本知识点的小结及结构的完善，都离不开思维导图的帮助：

（1）教师备课对于重点及难点的处理，以及整堂课的课堂结构处理。

（2）对于相同类型的课，教师进行整合归纳并设计整体教学教案。

（3）教师在课堂上所进行的线性讲解过程和板书，作为学生接受和保持新知识的输入方式，容易让人记忆模糊和困倦，使得学生对于老师输入知识的保持出现了困难，其实质就是没有建立零散知识点之间的横向联系和发散性关联。那么随后的分析（重新整理自己头脑中的知识点）和输出（学生课堂作业及美术作品的创作）自然就大打折扣。这样的教学结果，无疑是值得我们一线教师警醒的地方，也正因为如此，也为我们教师提升课堂效率提供了清晰的路径和动力。显然，思维导图的思维发展正成为课堂教学改革不可或缺的力量来源。

我是这样利用思维导图及其思维法则来进行课前备课的：2015年3月春暖花开，2015年广东省特色美术课堂研讨会胜利召开了，我很荣幸在研讨会上展示了一节公开课，这是六年级上册第一单元的美术欣赏课《源远流长的古代美术》，国家美术课标组组长尹少淳教授、上海师范大学王大根教授、广东省美术教研员周凤甫教授、深圳市美术教研员黄宏武老师应邀参加了会议。接到教学任务后，我首先根据本课的课型及教学大纲的要求，以思维导图的形式设计了图2（教学思路与基本结构设计导图），明确了本课教学的基本思路、结构与目标：

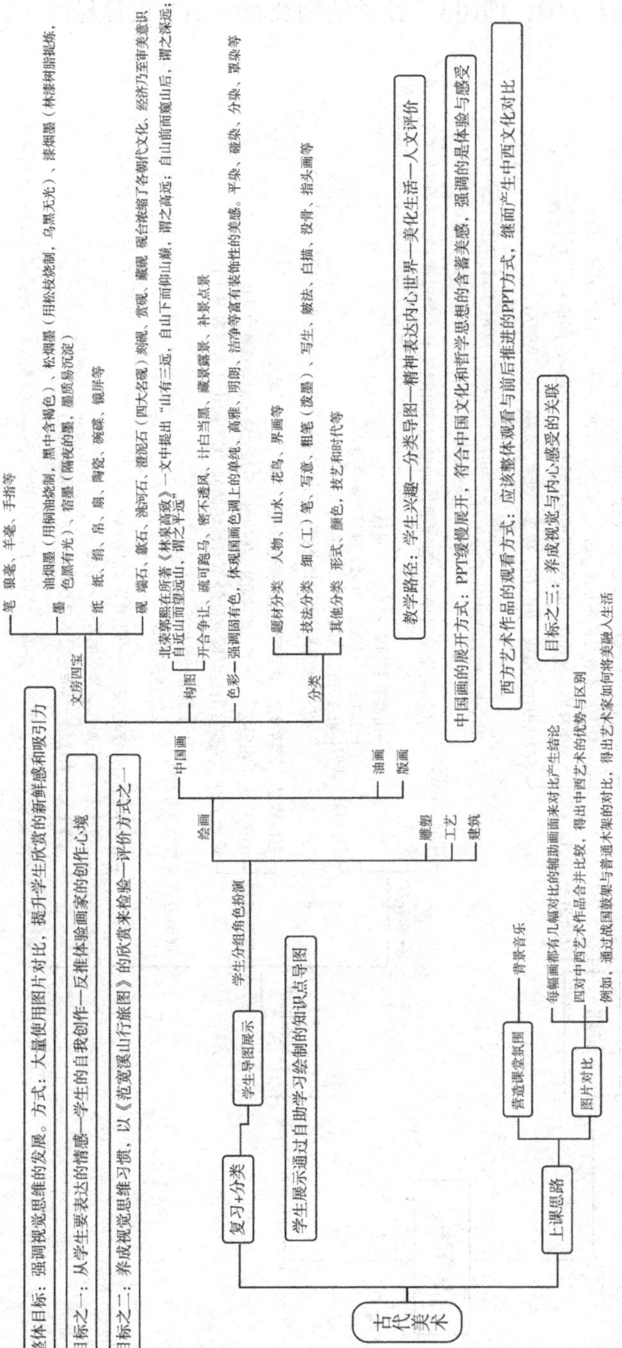
整体目标：强调视觉思维的发展。方式：大量使用图片对比，提升学生欣赏的新鲜感和吸引力
目标之一：从学生要表达的情感—学生的自我创作—反推体验画家的创作心境
目标之二：养成视觉思维习惯，以《范宽溪山行旅图》的欣赏来检验—评价方式之一
古代美术
复习+分类
学生导图展示
学生分组角色扮演
学生展示通过自助学习绘制的知识点导图
绘画
中国画
文房四宝
笔 狼毫、羊毫、手指等
墨 油烟墨（用桐油烧制，黑中含褐色）、松烟墨（用松枝烧制，乌黑无光）、漆烟墨（林漆树脂提炼，色黑有光）、宿墨（隔夜的墨，墨质易沉淀）
纸 纸、绢、帛、扇、陶瓷、碗碟、镜屏等
砚 端石、歙石、洮河石、澄泥石（四大名砚）刻砚、赏砚、藏砚 砚台浓缩了各朝代文化、经济乃至审美意识
构图
北宋郭熙在所著《林泉高致》一文中提出“山有三远，自山下而仰山巅，谓之高远；自山前而窥山后，谓之深远；自近山而望远山，谓之平远”
开合争让、疏可跑马、密不透风、计白当黑、藏景露景、补景点景
色彩—强调固有色，体现国画色调上的单纯、高雅、明朗、洁净等富有装饰性的美感。平染、碰染、分染、罩染等
分类
题材分类 人物、山水、花鸟、界画等
技法分类 细（工）笔、写意、粗笔（泼墨）、写生、皴法、白描、没骨、指头画等
其他分类 形式、颜色，技艺和时代等
油画
版画
雕塑
工艺
建筑
教学路径：学生兴趣—分类导图—精神表达内心世界—美化生活—人文评价
中国画的展开方式：PPT缓慢展开，符合中国文化和哲学思想的含蓄美感，强调的是体验与感受
西方艺术作品的观看方式：应该整体观看与前后推进的PPT方式，继而产生中西文化对比
目标之三：养成视觉与内心感受的关联
上课思路
营造课堂氛围
背景音乐
图片对比
每幅画都有几幅对比的辅助画面来对比产生结论
四对中西艺术作品合并比较，得出中西艺术的优势与区别
例如，通过战国鼓架与普通木架的对比，得出艺术家如何将美融入生活

图2

在图2的基础上，我根据学情及重难点的特点，进一步确定了本课的教学结构及教学细节设计导图，即图3（教学结构及教学细节设计导图）。

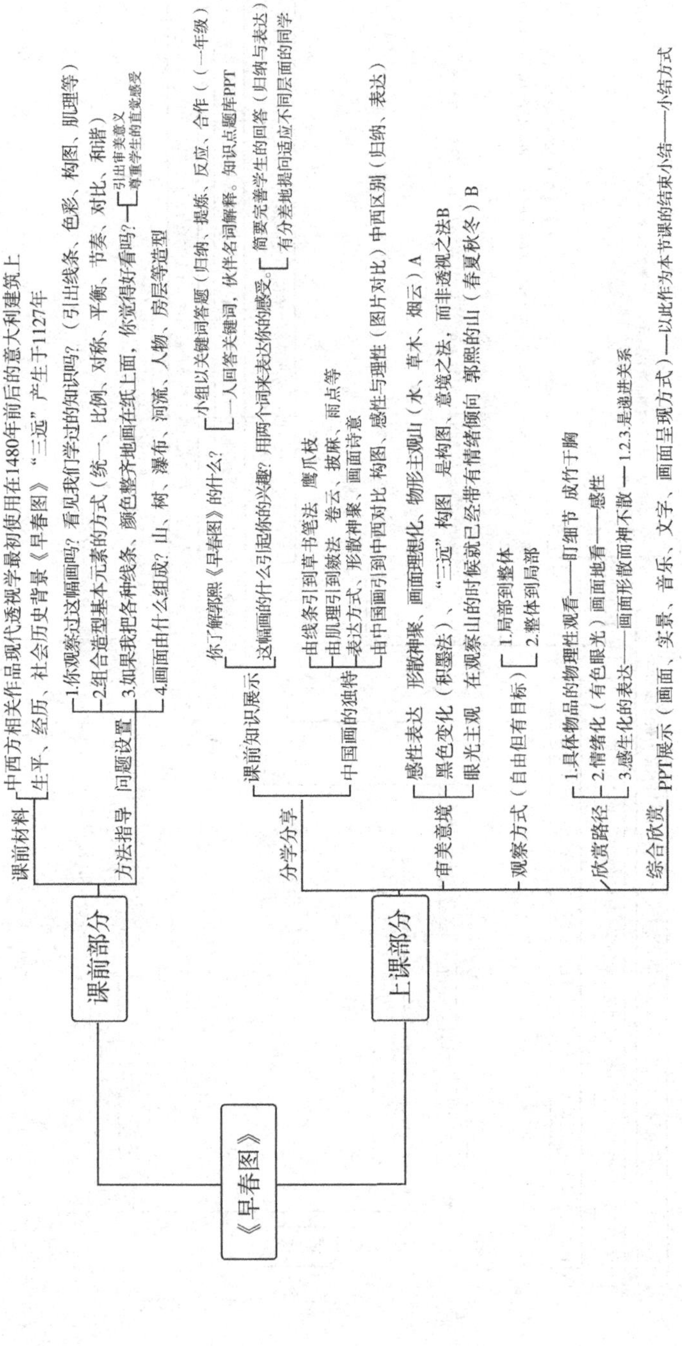

图3

接着，在图3的基础上，为了便于自己在课堂上更好地和学生进行互动和交流，我准备了重点讲解的《早春图》作者郭熙的详细资料，主要从历史背景、主要作品、中国画、山水画家、理论家等五个方面进行讲解，即图4（郭熙相关资料设计导图）。有了这样的导图指引，教师课堂上的讲解思路与重点不容易发生偏移。

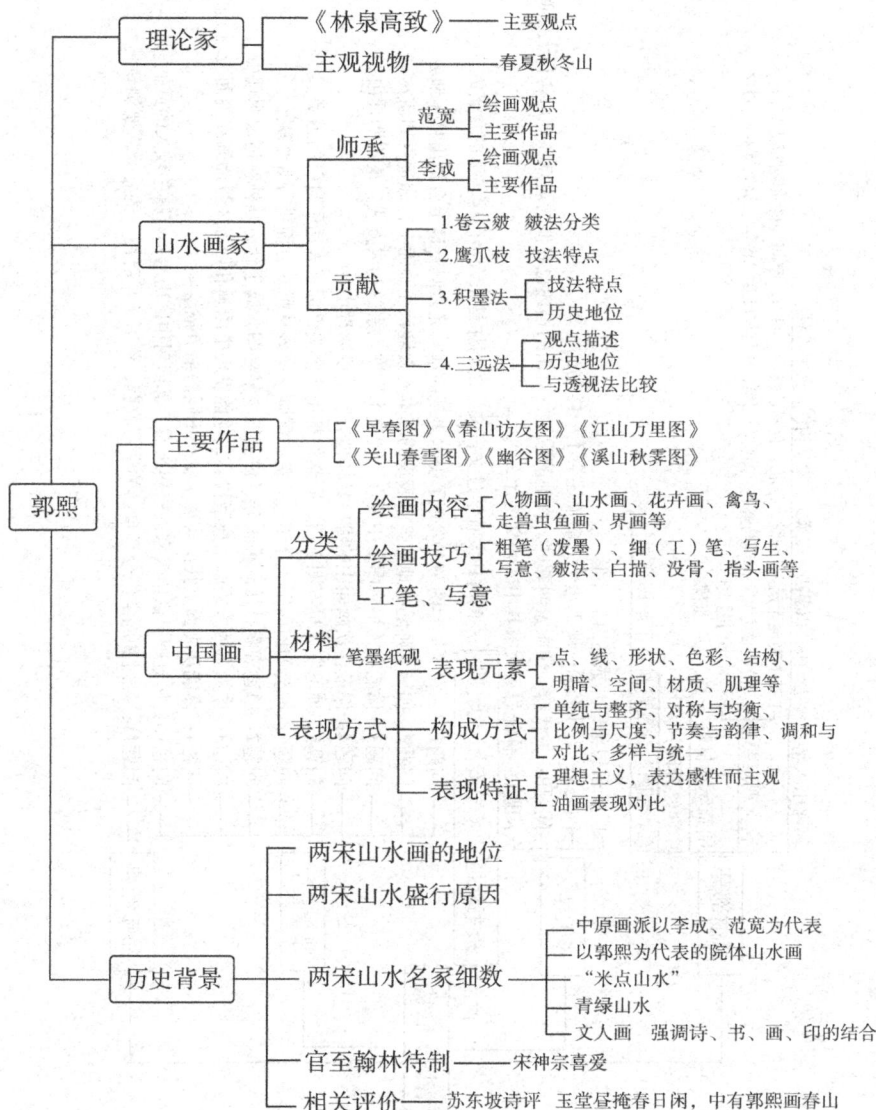

图4

最后，在综合了前面三张设计导图的设计思路之后，经过进一步优化，最后形成了正式上课时所使用的上课流程设计思维导图，即图5（上课流程设计思维导图）。

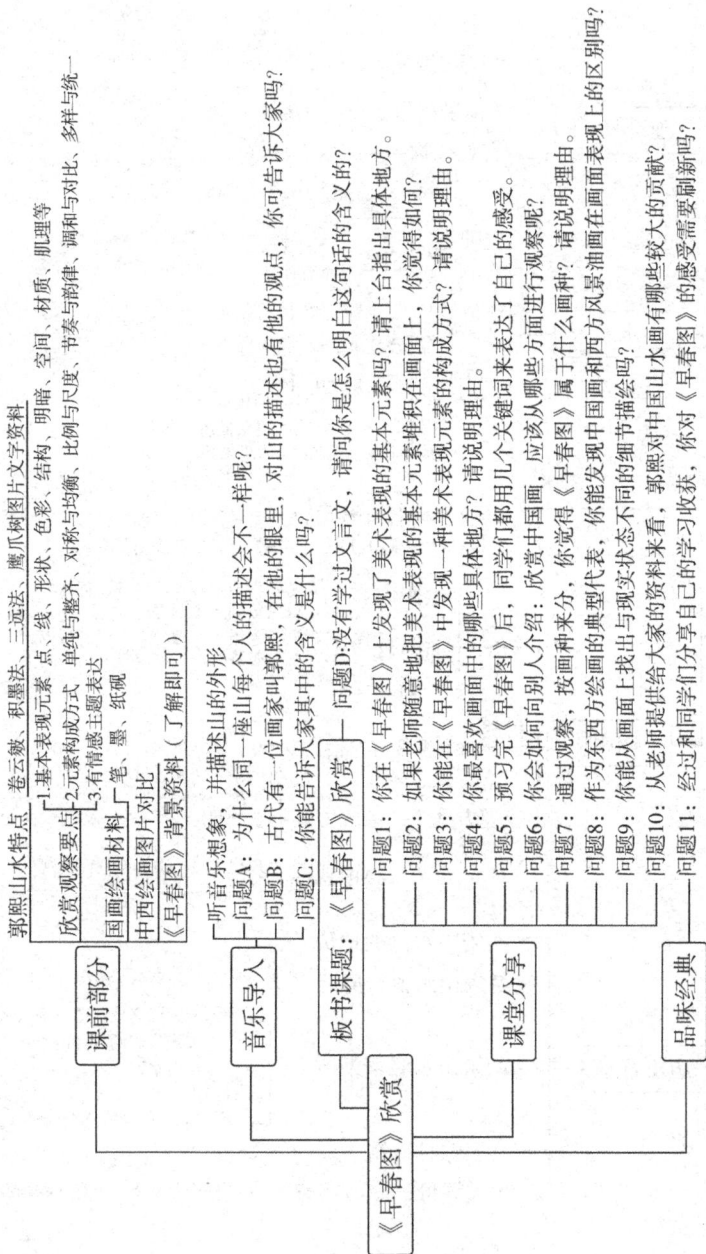

**《早春图》欣赏**

**课前部分**
- 郭熙山水特点：卷云皴、积墨法、三远法、线、鹰爪树图片文字资料
- 欣赏观察要点：
  1. 基本表现元素：点、线、形状、色彩、明暗、空间、材质、肌理等
  2. 元素构成方式：单纯与整齐、对称与均衡、比例与尺度、节奏与韵律、调和与对比、多样与统一
  3. 有情感主题表达
- 国画绘画材料：一笔、墨、纸砚
- 中西绘画图片对比
- 《早春图》背景资料（了解即可）

**音乐导入**
- 听音乐想象，并描写山的外形
- 问题A：为什么同一座山每个人的描述会不一样呢？
- 问题B：古代有一位画家叫郭熙，在他的眼里，对山的描述也有他的观点，你可告诉大家吗？
- 问题C：《早春图》其中的含义又是什么吗？

**板书课题：《早春图》欣赏** — 问题D：没有学过文言文，请问你是怎么明白这句话的含义的？
- 问题1：你在《早春图》上发现了美术表现的基本元素吗？请上台指出具体地方。
- 问题2：如果老师随意地把基本元素堆积在画面上，你觉得如何？
- 问题3：你能在《早春图》中发现美术表现的构成元素吗？请说明理由。
- 问题4：你最喜欢画面中的哪些具体地方？请说明理由。
- 问题5：预习完《早春图》后，同学们都用几个关键词来表达了自己的感受。
- 问题6：你会如何向别人介绍：欣赏中国画，应该从哪些方面进行观察呢？
- 问题7：通过观察，放画种来分，《早春图》属于什么画种？
- 问题8：作为中国画的典型代表，你觉得《早春图》中国画和西方风景油画在画面表现上的区别吗？
- 问题9：你能从画面上找出与大家不同的细节描绘吗？
- 问题10：从老师提供给大家的资料来看，郭熙对中国山水画有哪些较大的贡献？
- 问题11：经过利用收集的资料，你对《早春图》的感受需要刷新吗？

**课堂分享**

**品味经典**

图5

在本次公开课上，我结合MOODLE平台展开教学，学生课前通过平台完成了预习，课堂上我以10个问题的探讨，引导学生主动学习，突破难点，学生自主学习能力及红桂小学常态教学中的iPad课堂，引起了在场听课老师的关注；特别是课后的评课环节，当我向听课的骨干教师们汇报和描述了使用思维导图来进行课堂教学设计思路的时候，得到了全省骨干美术老师的一致赞扬与好评。

图6

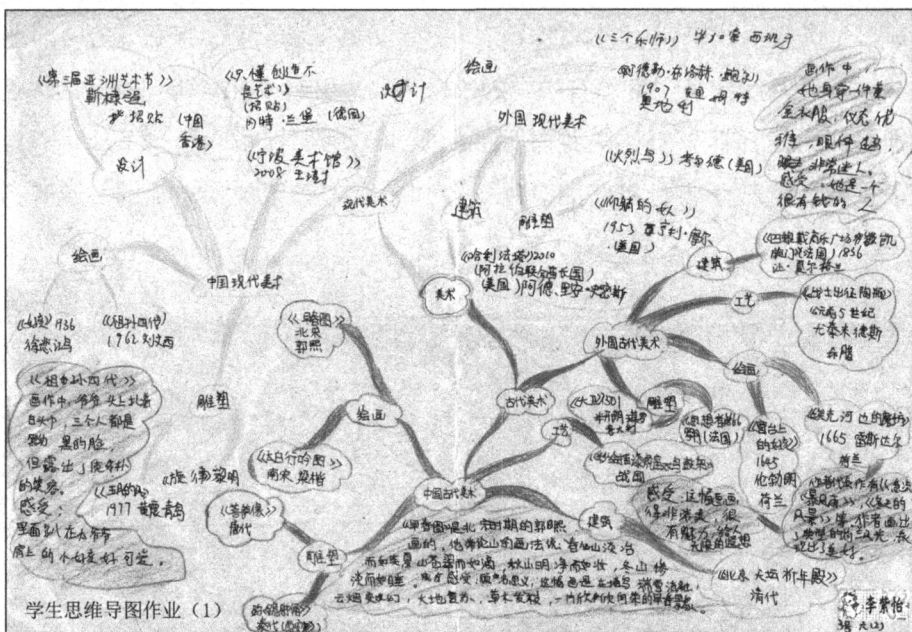

图7

　　本次公开课从设计教案开始，全程运用思维导图的思维法则，以更为清晰的设计思路和环环相扣的设计环节，充分体现了基于思维导图的思维法则为我们美术学科的教学活动提供的非常强大的可视化的思维方式，为美术学科的教学活动提供了更加完善和清晰的设计路径与方法。

　　基于以上个人对思维导图的认识与理解，以及个人在应用思维导图及其思维法则的点滴经验积累，我作为主持人的深圳市罗湖区美术教学创研工作室，目前正在尝试探索基于罗湖区MO学生美术素养综合测评模式为导向，致力于学校美术课堂教学的结构与方法、学生自主欣赏社团活动模式及学生美术素养综合评价体系（以红桂小学为例）的创新性探究，力求探寻具备创新意义的学校美术教学形态。其中，MFI美术课堂教学方法（基于互联网运用翻转课堂理念的思维导图法则教学），多次在国家、省、市、区各级公开课中进行尝试性展示，广获好评。毋庸置疑，在运用思维导图进行学科教学创新方法的尝试上，显然我们还是新兵，前路或许荆棘遍布，但是我们将坚定地走下去，既然选择了远方，就让我们风雨兼程吧！

# 美术课堂教学与学生社团关系的重构研究

## 一、当前美术学科背景与性质特点

（1）社会经济的快速发展和功利主义思想的强势存在，导致学校和家长的目光过分集中在以小升初、初升高、高考及出国留学等看得见的实用性目标上，这种价值取向的趋同性，直接导致了小学美术教育的弱势地位，即使美术教育被重视的学校，也因为学校管理部门与家长看到了纯粹单一的美术技能性训练可以成为其他学科成绩较差的学生在升学途径中的替代性选择，成为进入理想的高一级学校的录取捷径而已，而实际的心理期待依然没有摆脱功利性需求的目光。然而美术教育绝对不能以结果作为导向来设计和制定与学校长期发展相关的课程标准，以结果作为课程导向的美术教育会忽视作为一个人全面素质提高的重要成长过程。这个原因也直接导致了目前中国美术教育长期以来的主要目标性发展缺失，过分强调基于少数或者部分优秀学生的精英教育，造成中国人的美术素养与整体教育状况极其不平衡，加之家庭教育这一环节对美术教育的偏见与长期性忽视，综合地影响着学生的行为习惯和学习观念，在美术学科的学习上就表现为一定的盲目性和被动性。由于学校、家长对美术教育的过程和实质内容的重要性的偏执心态，在应试教育的模式下，人们自然就会淡化对艺术教育的价值。同时，由于学生学习时间紧张，功课、练习题、英语单词、奥数竞赛等负担沉重，使学生根本无暇顾及对美术基础文化知识的学习，美术教学作为重要素质教育的作用变得难以得到保证。长期以来，美术课在学校中的"小三门"地位并未得到彻底改观。因而，其重要地位并没有得到广泛重视，中小学的美术课程没有真正发挥出其应有作用。在实际的美术教育教学实践中，中小学美术课程的实施现状令人担忧，与新课标的要求还存在很大差距。

同时，和其他所谓主科老师相比较而言，美术学科及美术教师在学校地位低下，美术教学评价不科学、不对等，美术教师的教育教学观念相对滞后，美术学科的科研水平偏低。这使得部分美术教师追求消极，教学信念不强，工作热情降低，学生学习美术的积极性也不高，这些问题的存在严重影响了小学美术课程的可持续发展，影响了新课标中美术学科的素质教育对人的全面和谐发展的核心要求。

（2）教育内容和方法强调学科本位，重技能、重知识，美术教育仍然停留在"美术"即技巧性训练的阶段。目前我国许多美术教育类大中专院校在培养人才的目标上有向美院的专业技能型人才培养目标靠拢的趋势，导致学生大多重技能、轻理论，重专业性、轻教育性，这样一来，就使得新教师在走上讲台后缺乏完备的知识和多元的技能。这些知识和技能素养在小学教师队伍中的缺乏与薄弱，从某种意义上讲，这也正是影响小学美术教育发展的内在因素。

《全日制义务教育美术课程标准》对美术课程的教育价值做了这样的表述：①陶冶学生的情操，提高审美能力；②引导学生参与文化的传承和交流；③发展学生的感知能力和形象思维能力；④形成学生的创新精神和技术意识；⑤促进学生的个性形成和全面发展。而在《全日制义务教育美术课程标准》中，课程设计的基本理念是这样的：①使学生形成基本的艺术素养；②激发学生学习美术的兴趣；③在广泛的文化情境中认识美术；④培养创新精神和解决问题的能力；⑤为促进学生发展而评价。

《全日制义务教育美术课程标准》所期待的现代教育学意义上的美术教师所具备的能力，不仅仅是停留在专业技能技巧与教学上，还要努力向学者型教师转变，这就要求加强教师的教学研究和理论研究能力，用理性的深度思维、广泛的理论知识和严格的逻辑思维去指导我们自己的教学实践，这也是提高教师教学能力的核心。目前，大多数小学美术教师，只知道进行技能性教学，很少有主动探索教学规律和研究教学的，即使有也只是教学经验总结之类的汇集，实践性较强，缺乏理论特征和逻辑思维。这样也就自然而然地导致了教师在美术教学管理能力上的缺乏。

（3）红桂小学作为罗湖区的一所老校（成立近90年），无论学生整体素质（暂住生比例超过常住生）、家长的实际关注程度，还是办学硬件、教师综合教育教学水平、教育教学管理，各方面的相关数据显示，我校都属于罗湖区中等办学能力的学校之一，学生的专注力、坚持力、合作力、创造力、操作力、自信心等非智力因素也都属于中等发展水平，在深圳市乃至广东省范围内具有普遍的代表性。

综上所述，小学美术教育迫切需要探索适合普遍学生发展的新思路和新方法。红桂小学领导班子高度重视学生综合素养的发展，大力支持以美术学科为龙头的改革实践，学校领导深刻领悟到"平实"和"普通"所蕴含的深刻与超越。因为现阶段的学校乃至教育，很容易用追求"优质"和"卓越"掩饰急功近利和拔苗助长，而"平实"和"普通"更多地要求体现平等、公平、实在、实诚，做到普及、普惠、通识、通雅，这恰恰是义务教育和基础教育的核心价值所在。所以，作为条件普通、生源普通的公办红桂小学，期待用"平实"的努力达至"普通"的愿望，认为"平实"是实现"优质"的基础条件，"普通"是孕育"卓越"的生态环境。基于这样的思路，学校根据教育部"体艺2+1"和深圳市罗湖区"一校一特色"等精神的相关要求，同时根据本校学生综合能力发展的需求，逐渐形成了以美术学科为载体的学生全面能力发展的综合研究，通过平衡组织运作、团队合作、实操分工、互相学习、自主意识、科学态度、主动表达、自我认同等方面的相互关联、相互影响且相互促进的互联关系，初步形成构建了知行合一的小学美术学生自主欣赏社团活动模式。

（4）小学美术教学就其学科特点来讲主要是培养学生的审美能力、造型能力、形象思维能力和设计创作能力。而审美能力的培养是美术素质教育的重点，也是创新意识的基础，让学生在美术学习过程中，激发创造精神，发展美术实践能力，形成基本的美术素养，陶冶高尚的审美情操，完善人格。审美教育是一种感性的情感体验，是自然美、艺术美和社会美的交融，对于陶冶人的情操和审美情趣，提高人的感受美、鉴赏美和创造美的能力，促进人的全面发展具有不可缺少的重要作用。在传统教育观念中，美术课又称为"图画"课，由于这种学科本位化的狭隘教学观束缚了教师的思维，因此，美术教师要根据新课程理念的要求，改变美术就是教学生绘画的传统教育观念，积极进行美术教学改革，采用灵活多样的教学方式，在美术教学过程中始终贯穿审美教育理念，为学生的健康成长打下良好的基础。从我国美术教育"图画→美术→以美育人"的发展变革来看，美术教育进入"育人"阶段势在必行。

## 二、研究目标、价值和意义

### 1. 课堂结构的转换与课堂效率的呈现探索

作为一名小学美术教师，对美术教师基本教学能力（双基要求）在实际教育教学中的重要作用深有感触。要想成为一名合格的中小学美术教师，他的综合双基能力是从事美术基础教育所必需的专业要求，中小学美术教师从事的是美术基础普及型教育，它要求教师具备全面扎实的基础美术教育理论知识，接受过相应的美术表现技能的综合学习与训练；对美术的教育理念、科学的教学方法、正确的审美价值及学生心理学有较深的理解和认识；对美术作品欣赏、美术表达语言、美术表现方法、美术创造实践的一般规律有较深厚的理论基础和实践经验；掌握美术教学的基本规律和课堂教学的呈现方式。

改革开放几十年来，我们罗湖美术教育教学的教学理念与方法，经过广大中小学美术老师的共同努力，已经积淀了自己较为显著的学科特色和教学经验模式，并从中总结出了具有普遍意义的专业美术教育教学规律，这些带有强烈创新意识和探索精神的学科特色与经验模式，已经深深地扎根于我们作为罗湖美术教育的每一位成员心中。如何传承我们积淀下来的学科特色与经验模式？如何在继承中发展我们的学科特色与经验模式？如何在发展中创新我们的学科特色与经验模式？又如何在创新中固守属于我们罗湖特色的核心美术教育价值？将是我们每一位罗湖美术教育工作者必须思考的问题。我们明白：继承是发展的根基，发展是继承的目的，创新是发展的动力，是保持罗湖美术特色的源泉，而离开对过去积淀的继承，发展和创新将失去本源和意义。所以，继承好我们的学科特色与经验模式，规范好作为中小学美术教师基本教育教学的双基能力，是我们一切改革和创新的首要条件。

因此，如何总结我们业已存在并形成规律的罗湖美术学科课堂教育教学的特色与优势，并能为新入职的中小学美术教师提供迅速掌握的一种方法和模式，是我们罗湖美术课堂教育教学发展与创新的重要前提。在陈勇老师工作室的引领下，我们对美术学科的四类课型进行分类研究，以及进行课型分类教学的归纳与总结，工作室按常规课堂教学规范、自身特色教学发挥、四类课型教学模式总结与归纳、特色手段的重点创研等类别同步分类进行，"思维导图"与"翻转课堂"模式的优势融合，以及将"扬弃式"引入传统美术课堂教学无疑将是我们的一个思考重点，调整优化美术课堂教学的结构，并充分发挥以学生为主体的课堂学习积极性。力争发挥团队优势，将美术学科课堂教学研创工作室的辐射和平台作用充分发挥出来。

**2. 学生美术社团活动及课程编写与课堂教学的互补性探索**

（1）学生美术社团活动及课程编写和课堂教学之间的关系要求：学生美术社团活动使老师成为协助学生社团活动的角色，为他们提供活动思路及方法指导，通过相关的美术社团活动，转变学生学习的被动性，是一种带有明确的学习目标与完善方向的指向性目标的主动需求。而学生的这种反向需求，又进一步倒推老师课堂教学的有效性、实用性和导向性的提高和完善，从而产生推动老师产生课堂教学的高效性改革和探索的主动性需求。

（2）在学生社团中，同年级的社团讲座，可以形成竞争而产生对比效果，这样可以促进相互对知识、技能的进一步理解与吸收，从而深化学生对美术综合素养的完整理解和全面美术技能的初步形成。

（3）学生讲座内容的选择：学生讲座内容的选择标准，应该基于国家最新颁布的中小学美术课程标准，应能涵盖美术学科的四种不同类型的课型，再结合老师针对四种课型的上课方式、课堂结构，推动教师以高效、趣味、实用及易于学生掌握的特点发展。

（4）课堂上是教师教学生"什么"，而团队讲座可以促进学生主动找老师索要"什么"，这是一种双向推动、两面发展、共同成长、全面提高的双赢局势，通过以社团活动促进课堂教学，以教学带动社团活动，从而实现全员、整体的普遍性爱好及实现美术素养的全面提高，这是结合并适应国家课程标准与学生实际操作相结合的普惠型学校美术教育模式，强调的是学生在学习过程中的自我认同与反思的过程，学生个体的任何阶段性、点滴的提高，都属于整体完善改进的重要组成部分。

**3.** "美术课堂教学"与"课外社团活动"二者相互关系的再理解

以课堂教学为核心的学生美术社团的工作探索，区别于其他工作室的专业高度及其他学校的单一专业技巧训练的大面积覆盖现象，尝试构建以学生自主学习为主体特征的美术校园文化。学校美术课堂教学标准与学生具体的基于美术学科特征（美术欣赏、平面与立体造型能力、综合制作等）的实际操作能力，在社团活动实践中得到检验和展示，而社团活动的实际能力来自美术课堂教学的学习效果，学生的实际操作与教师的课堂教学相互促进、共同提高。

美术课堂教学是学生课外社团活动的知识基础和技能支撑，而学生课外社团活动又是对美术课堂教学的补充与完善。正如尹少淳教授所言：我们课堂美术教学所进行的知识与技能的传授，应该立足于 "学以致用"而非"学以待用"。学生美术社团健康发展的引导与掌控需要教师的主导型把握：使美术社团成为学校独特的美术教育教学，带动学生综合能力得到发展的校园文化特色。社团在教师引导下，由学生自由组织、规划、轮流演讲、相互评价、自主发展，以学生喜欢的中外美术家、美术作品、生活中喜闻乐见的美术形式、美术技巧、绘画能力为美术专业小演讲的中心内容，形成以班级或年级文化特色为基础的学校综合文化主体。

**4.** 尝试跨学科培养学生综合能力的模式与方法的探索

在学校美术社团美术专题演讲的实施过程中，学生会遇到美术学科之外的诸多问题，如PPT软件本身的各种功能的学习与使用，演讲中使用的背景音乐的选择，为了活跃演讲气氛而设置的表演小情节，讲稿中的文采表现，演讲服装的搭配，演讲现场的综合管理与社团人员的工作分工以及如何模仿演讲效果良好的其他社团的表演等。这些都是社团学生成功完成一次专题小演讲的必经过程。在这个过程中，他们可以咨询和请教老师，以及通过其他他们认为可行的途径来学习和提高，但是首先需要他们自己对问题有一个主动解决的方向与思路，这个改变和完善小演讲各种细节的过程，对于社团学生来说无疑是走向成功之前的各种考验，对于成长中的他们是个不小的挑战，而历经辛苦努力后的最后演讲效果才是对他们所有努力的最直接的褒奖和鼓励，可以极大地树立学生的学习自信，对于学生的能力成长和建立解决问题的思维有着不可估量的促进作用。而他们在美术社团以学生美术专题小演讲来作为课外自主学习活动后的一个主要呈现方式，其实已经带动了他们对于未知知识的主动学习和探究，并且在演讲后，通过学生、教师、家长和社会其他人士的评价表，他们可以直接得到相关信息的反馈，这给他们对自己设计的整个活动过程的修改和完善，提供了一个良好的基础，在他们的完善过程中，综合能力将又一次得到提升和调整。这种具备了迁移性的能力和素质，完全可以运用到其他学科的学习上，从而可以通过美术学科的自主性学习活动，带动并提高学生对其他学科的学习，毫无疑问，这个意义将是最令人期待和心动的。

# 以简笔画教学来提升学生学习
# 兴趣的实践研究

## 一、问题描述

问题描述即描述自己教育教学活动中遇到的实际问题，分析问题产生的原因和与此相关的教情和学情。在描述时，一般都是采用白描的手法叙述此课题产生的过程，同时，在阐述问题时一定要观点简洁、言简意赅。

在美术教育中，把教学简笔画作为学生教学基本技能训练是非常必要的，但往往在实际训练中效果不是太理想。采取什么样的有效手段和方式引导学生提高简笔画技能，是值得教师进行认真探讨的问题。教学简笔画是一项综合的学习，应指导学生进行有效的分类练习及临摹与写生相结合的练习。苏联教育家苏霍姆林斯基曾这样说："这种在讲课过程中随手画下来的图画比现成的，甚至比色彩的图画都有着很大的优点。"因为简笔画这种形式简练、概括、直观、迅速，能在较短的时间内，将物象的主要特征表现出来，这就为教师的教学过程提供了直观的形象，对帮助学生形象地理解知识与事物提供了广阔的空间。因此，在教师教育中，以简笔画教学来提升学生的美术兴趣的实践研究是非常必要的。

## 二、问题界定

问题界定即对问题涉及的关键词、核心语进行诠释，提示课题研究方向和角度。名称的表述要简练、准确，要使用科学概念和规范用语，不要使用具有文学色彩的修辞手法；在此基础上，进一步明确课题要研究的内容。

教学简笔画的表现范围非常广泛，静物、风景、人物、动物、植物等均在表现范围之内。我们生活中的一切生活用品、学习用具、陈设用品、家用电器、蔬果等都是静物的范围。

风景是一个大的概念，可以说风景画中包含着山川、树木、屋宇、桥梁、亭台楼榭等内容，只不过每一幅风景画都必须有一定的主题。

社会生活离不开人，艺术创造离不开人。人作为万物之灵是推动世界历史前进的动力，因此，影视、文学、戏剧、美术等都是以人为主要表现对象，同时因为人在社会生活中随处可见，也为美术创作和学习提供了有利的条件。但从另一个角度讲，正因为生活中人随处可见，所以要把人表现好也是一件不容易的事。人物简笔画也是如此，教师必须通过对人的形体、结构、动态特征等进行学习和了解，同时学会用简笔画的概括方式对其进行简练概括的描绘，才能在课堂教学中得到充分的利用。动物包括家禽、鸟类、兽类等。每种动物都有其不同的特点，通过观察比较练习方能画出不同特征的动物。交通工具和机械包含飞机、轮船、火车、汽车、摩托车、电动车、自行车、三轮车等。以上均为教学简笔画应该练习和表现的主要内容，教学时可分门别类地进行。

## 三、问题解决的设想

问题解决的设想包括解决本问题的研究方法、实施步骤、时间安排及研究措施等。

（1）研究方法：如案例研究、调查研究、行动研究等方法，并进行简单的说明。

（2）实施步骤：即计划分几步完成，每一步做些什么。

（3）时间安排：即研究需要多长时间，每步大概需要多长时间等。

（4）研究措施：即在研究中准备采取哪些具体有效、切实可行的措施、做法。

### （一）指导思想

苏霍姆林斯基曾对教师这样说过："让学生把你所教的学科看作是最感兴

趣的学科，让尽量多的少年像向往幸福一样幻想着在你所教的这门学科领域里有所创造。"小学简笔画兴趣教学，就是学生向往的艺术天堂。简笔画兴趣教学，使学生在愉快、轻松、自由的学习环境中陶冶情操；用美术特有的方法和手段，通过有趣、简单的绘画活动使学生的审美能力和创造能力得到培养；遵循了学生的生理、心理发展规律，运用绘画造型语言，表达思想情感，让他们在绘画的天地里得到美的启迪。每个孩子都喜欢做游戏，都喜欢涂涂画画。在画画的过程中，孩子们要用眼睛去观察，用大脑去思考，用手去表现。这些活动既能使孩子在游戏中增长知识，又能促进大脑右半区艺术感知能力的发展，启发孩子的智力，发展他们的形象思维，进而培养他们的审美能力和创造美的能力。因此，美术教育在幼儿教育事业中越来越受到重视。

儿童初学绘画，简笔画是最适合的学习方式之一，简笔画简单易学，常常几笔便能概括出事物的轮廓，形象生动、一目了然，便于儿童学习和掌握。

**（二）实施过程**

**1. 明确学习目标**

（1）了解简笔画的基本常识，教育学生继承民俗文化，激发对简笔画艺术的追求。

（2）从简笔画中对学生进行爱、法制、心理健康教育，让学生从小懂得真、善、美，从而体味生活的乐趣，感悟人间的美好真情。

（3）培养学生动脑、绘画、构图、想象的能力，以激发学生兴趣，从而形成与其他学科如语文、数学、科学、美术等的整合思想，以提高学生的综合素质。

（4）教育学生热爱生活，以及对美好生活的向往与追求。

**2. 学习内容**

（1）简笔画的基本训练：线条、基本形的组成。

（2）学习用简笔画的形式描绘人物、植物、交通工具、动物、风景等内容的绘画步骤。

（3）简笔画组合与创作，培养学生的想象力及创新能力。

### 3. 学习使用的材料

以铅笔、彩笔为主，自备纸张。

### 4. 校本课程

简笔画及课堂教学的主要实施者，以我校徐国燕老师为主要负责人，其余教师按年级分层次授课。

### 5. 学习计划

第一学期：每节课讲授简笔画文化常识和基本功技法，以学习简单线条为主，学习基本图形的组合绘画；第二学期：在学习剪纸知识和基本功的同时，自己创设情境图案，进行综合性的训练。

### 6. 具体要求

（1）有计划，有总结，有实施方案和活动记录。

（2）有教材、教案、教参，有作品。

（3）让每个学生自备铅笔或彩笔与纸张。

（4）平时要求学生经常性地搜集简笔画资料或图片等，以提高绘画构图的技巧。

### 7. 评价

（1）随堂收集学生的简笔画作品并装订成册。

（2）分年级进行学生作品评比，并在年级中推荐参加校比赛。

（3）学校阶段性地组织学生进行简笔画作品评比并给予等级评价及奖励。

（4）学生的优秀作品及评比结果，装入学生成长档案。

## 四、问题解决的成效分析

使用证据（质性的、量化的）分析成效。

具体标准：《教学简笔画》检测等级标准

一级：在规定时间内，能完成检测要求的全部内容。所画图形下笔肯定，自然而然，线条流畅，形象生动，简练概括，能突出地表现事物特征，无败笔；设计的图形大小匀称，疏密得当，比例结构合理，有丰富的想象和创造，构图设计新颖，有独特的风格。——96分以上。

二级：在规定的时间内，能完成检测要求的全部内容。所画图形下笔肯定，自然而然，线条流畅，形象生动，简练概括，能突出地表现事物特征，无败笔；设计的图形大小匀称，疏密得当，比例结构合理，主题突出，有丰富的想象和创造，具有一定美术造型基础和技能。书写规范，卷面整洁。总得分在90—95分以上。

三级：在规定的时间内，能完成检测要求的全部内容。所画图形下笔肯定，自然而然，线条流畅，形象生动，简练概括，能生动地表现事物特征，无败笔；设计的图形比例合理，主题突出，有一定的想象和创造。书写规范，卷面整洁。总得分在80—89分之间。

四级：在规定的时间内，能完成要求的全部内容。所画图形线条流畅，形象简练，能表现事物特征，无明显的败笔和失误；教学设计的图形比例合理，主题明确，有想象，书写规范，卷面整洁。总得分在70—79分之间。

五级：在规定的时间内，基本能完成检测要求的全部内容。所画图形线条基本流畅，形象基本简练，绝大多数图形能表现事物特征，无明显的败笔和失误；教学设计的图形比例结构基本恰当，能表达主题。书写规范，卷面整洁。总得分在60—69分之间。

## 五、预期成果

以教学反思、精品课例、教育案例或研究小报告等形式呈现研究成果。

**（一）理论成果**

（1）教师观念得到转变，愿意并利用简笔画教学，整合优秀的学习资源，教学理论得到提高，教研教改能力得到增强，能撰写经验型论文和科研型论文。

（2）学生的学习观念得到转变，其自主学习意识、自主学习精神得到培养。学生对美术的学习兴趣大大提高。

**（二）表现形式**

（1）教师的简笔画教学水平得到培养与发展，课堂上能利用这种方式辅助教学。

（2）学生的自主学习能力得到培养和发展。

（3）学生参加各种竞赛获奖，参加各类调研考试（含调考）。

# 深圳美术教育，艺术综合实践创新的独特样本

无论是一个人还是一座城市，只有具备持续的创新能力才是他们得以保持发展的一个不可或缺的条件。自从那位坚强可敬的老人，在中国南海边划出那个圈，凭借岭南文化的世代浸润，凭借包容创新的移民精神，深圳国际化的现代都市模样已然绘就。近40年"实验田"的瞩目成就已经充分证明了深圳所具有的创新精神的城市特征。没有继承，哪来发展；没有包容，就势必狭隘；没有创新，也就失去了未来。深圳美术教育伴随着深圳的城市发展，从无到有走到今天，沿袭着这个城市特有的发展路向，走出了一条以创新为驱动的美术教育发展之路。

## 一、深圳美术教育的整体规划策略

一路走来，在深圳教育国际化、信息化、均衡化、素质化和个性化发展规划指引下，深圳美术教育除了规范完成和扎实推进常规的学校义务教育阶段的美术教育以外，还在着眼于未来的美术创新教育上下足功夫，根据深圳市10个行政区不同的区域定位和区位优势，建立了涵盖美术创客体系、研学游学体系、STEM/STEAM体系、社团活动特色体系等四大美术创新教育课程目标体系的整体布局。艺术教学设施日趋完善，艺术功能室设备相对齐全，教学环境及设备设施的配置初步实现了艺术创新教育所需的现代化。我市创建了基于美术学科核心素养的MO中小学学生综合艺术素养测评体系，形成了课堂教学、课外

活动和校园文化三位一体的艺术教育发展机制，初步打造出具备较高品质的深圳艺术创新教育体系。

为确保我市中小学美术教师能够适应未来美术创新教育的需要，我们建立了严格的准入标准，同时完善了教师专业发展和继续教育的实施、监控体系，具体体现为：聘请专家开展讲座、交流经验，组织艺术教师参加国家、省、市强师工程，中小学艺术骨干教师培训，"引领者计划"骨干教师研修班，鼓励骨干教师、名师开设继续教育培训课程，定期举办各项教学及专业培训，组织教师参加各级各类大赛。深圳教育局有常设的专业美术展览，定期举办学生和教师画展，教育书画院定期开展深圳市教育书画院学术沙龙等活动，大力培养艺术骨干教师。并将教师的个人业绩与教师的评优、评先、职称等相关切身利益挂钩，从机制和制度上有效地促进了中小学教师的专业成长和素质提升。

## 二、深圳美术教育的融合创新基调

伴随着深圳的改革开放，来自世界各国、全国各地的人们纷纷聚首深圳，资金与技术的海量涌入带动了深圳的高速发展，同时也带来了他们身上所承载的各地民族风俗、服饰特色及生活习惯等文化要素，逐渐丰富着深圳新移民文化的内涵，使得深圳成了各民族文化的交融之地。（图1）

图1

　　深圳美术教育面向全国，为有志参与深圳美术教育的教育工作者提供了多条能够进入深圳教育体系的宽泛通道，保障了作为美术创新教育主导力量的教师来源广泛而优质。来自全国各地的美术老师，以不同的专业优势、技能特长与教育资源，不断丰富着深圳美术教育的内涵；深圳持续而高密度地邀请全国各地具备名、优、特、新的美术教育新理念和新思路的专家和学者来深讲学，不断刷新着深圳美术教师的教育理念和教学能力，为深圳的创新美术教育提供了孕育的环境与土壤。

　　我市规划并均衡布局各具特长和资源优势的老师主持的工作坊及学生社团，以老师的传承创新为主导，学生以团队合作探究式的方式学习；基于不同的多样性造型媒材的团队活动课程，以手工课程的形式，提升了学生的学习能力，实践经验得以积累，进一步丰富和优化着学生综合美术素养的品质。（图2）

图2

　　以中小学美术课堂教学创研为研究重点的教师个人工作室，以草根工作室的方式，也在改变着深圳美术课堂教学的教学理念和效率，开启了以一线资深教师为主导的课堂教学创研探索的新模式，为一线老师创新美术课堂教学模式提供了自由驰骋和探索的空间。

随着深圳美术教育的持续发展，创新基调下的教学方式、教育理念、管理模式、教师队伍的引入机制与结构组成、形式丰富的活动课程设置等板块的融合，呈现了目前深圳美术教育的整体面貌，深圳美术教育包容外来文化、强化自身优势、多元融合创新的发展特征逐渐显现。

## 三、深圳美术教育的多元成长途径

基于包容、多元、开放和创新的深圳美术教育理念，我们从美术学科核心素养、生活应用、教学科研和资源整合上着手，建立了适合学生综合能力发展的多元化成长路径。

长期以来，美术教育被工具化或者技能化，而现代社会发展的要求，并非只是一味强调枯燥和无趣的程式化的"术"的训练，这种思路不足以支撑当代社会对于学生综合素养的要求。我们面对的学生不都是朝着艺术家的目标前行，"道"与"器"的辩证融合，"术"与"美"的相携而行，面向全体学生，注重人文和审美素养的提升，才是我们应该关注的方向。强调自主审美意识的培养，就是我们对于深圳美术教育重新审视和调整的必然结果。深圳市中小学生美术学科自主欣赏社团的模式构建案例就是我们的有益尝试。（图3）

图3

发现生活中的问题和需要，运用已有的知识与技能，去解决生活问题，去优化、美化生活才是我们的核心教育目标。美术创客课程、STEM/STEAM等课程体系的推广，就是基于深圳未来创新人才的培育目标，让美术教育回归我们的现实生活，让学生在实践中运用美术学科的知识与技能，参与对生活的改造，善于发现并解决生活中出现的问题，对于产生并强化学生主动学习新知识与技能的驱动力意义重大。深圳中小学活动课程中就有一个很典型的例子。2017年，素有"国际工业设计的奥斯卡"之称的德国红点设计大奖赛结果出炉，深圳市16岁的晏劭廷（现就读于深国交高一年级）凭借作品《Smart Helix》，一举斩获"最佳设计奖（Best of the Best）"，开创了青少年在国际性专业工业概念设计上获奖的先例，晏劭廷也由此成了"红点奖"历史上最年轻的"最佳设计奖"获得者。（图4）

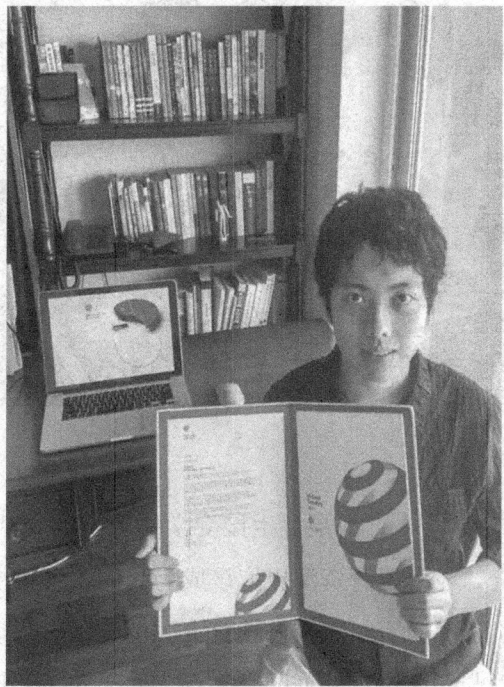

图4

爱因斯坦说过："科学与艺术从来都是硬币的两个面。"不同领域的科学家基于理性思维，凭借直觉和灵感获得重大科学发现和研究成果的事例层出不穷。培养高素质人才的创新思维和创新能力不仅需要理性思维的教育，也离不开美术学科这种感性思维的教育。这种感性的创新思维能力与理性的科学思维能力，共同建构起了现代创新人才的素质要求和标准。跨学科的融合式学习方式就成了深圳美术教育的必然选择。

强化教师的教科研能力是完善深圳美术教育品质的首要重点，提升教与学效率的课堂教学创研探索、学生学习方式（设计式、探究式、合作式等）的尝试性研究，实现了学科间的整合学习，为知识与技能的有效迁移利用提供了可能。宝安区海港小学美术和语文学科相融合的立体书就做了一次很好的尝试。（图5）

图5

体制内的学校教育，一直都是学生接受学科教育的主战场。而作为体制内学校教育的有力补充，校外教育资源也应该成为我们不可忽视的提升学生综合素质的辅助力量。深圳美术教育对于校外教育资源也尝试进行了有效的整合，我们找到了校外教育资源与国家课程标准的交汇点（如宝安区弘雅小学学生走进美术馆）（图6），就是基于中小学课程标准的校外教育课程和项目的设置，提高学校教育内容的连续性，有助于学生整合校内和校外的学习，使校外教育资源能够在学生的成长过程中发挥积极作用，最终形成知识与技能的有效迁移。

图6

作为十二五规划的延续，在深圳文化建设十三五规划中，依然重点凸显了加快推进"文化强市"的建设方向，"两城一都"即图书馆之城、钢琴之城和设计之都的建设，为我们美术教育的校外资源利用提供了一个强大的资源背景。深圳读书月、创意十二月、中国设计大展、深圳创意设计新锐奖、深港城市建筑双城双年展等在全国和国际有重大影响活动的定期举办；数字图书馆、数字文化馆、数字美术馆、数字博物馆的研发应用；由联合国教科文组织牵头的深圳创意设计新锐奖、中国国际钢琴协奏曲比赛、深圳国际水墨双年展、观澜国际版画双年展、深港城市建筑双城双年展等国际性品牌文化活动，以及深圳设计周、深圳国际摄影大赛等国际化品牌文化活动，都成了深圳美术教育可资利用的不竭源泉。整合并利用好深圳这些得天独厚的文化资源，无疑将会是我们又一个改进、提升和优化深圳学校美术教育的探索课题。

## 四、深圳美术教育的"大美术观"行动

"大美术观"首先是相对于我们所说的美术概念长期被单一的"画画"代替而言的，它以绘画、雕塑、工艺设计和建筑艺术为基础，强调的是美术各领域知识和技能的关联性、综合性、应用性和服务性特征，以美术文化为内涵，借助其他学科知识来拓展美术外延，提升学生的综合素质，拓宽学生的审美视野，发展学生的创造力，完善学生的人格，以适应时代发展的一种美术观念。（图7）

图7

深圳作为一座国际化程度较高的移民城市，以包容、多元、开放和创新的城市精神，呈现出了将大美术理念生活化、实践化的城市面貌，"两城一都"

的建设，数字化文化载体的研发应用，电视、网络的普及性使用，为广大市民表达和传播自己的视觉艺术观念，提供了越来越丰富的表达载体。

在市场化程度很高的深圳商业社会中，在中小学学生的成长环境里，随处可见流行艺术、设计艺术、美术馆艺术及各种应用美术，通过深圳美术教育策略性的整体布局，加之各种国际化品牌文化活动的举办，学生们广泛地参与了其中的许多活动。他们将更多的美术作品放置到社会环境的情境中，接触到更多元的美术表现的载体，进一步开阔了视野，提升了作品的实际应用水平，获得了更为丰富的审美与实践经验。这对他们的审美情趣、价值观都会产生越来越大的影响。对于他们而言，美术早就不再是高不可攀的所谓"塔尖"艺术，而变成了他们日常生活的一部分，他们对艺术有着程度不同的感受，也不再是艺术的旁观者，而是直接的感受者、参与者和创造者。新的美术课程标准强调以可识读的视觉形象作为载体，基于学生自主的直接感受和参与，以构建学生的自主审美意识为核心，深圳美术教育正是以这样的实践彰显着与"大美术"理念高度契合的共同交集。（图8）

（a）

（b）

图8

应该说，"大美术"理念是一种基于现代社会对于未来人才的新要求目标下的整合观念，它关注的是社会可持续发展的现实要求，它让美术不再以盛气凌人的高冷姿态来示人，它告诉我们，美术就是源于我们的生活，并应用于我们的生活。因此，"大美术"观念需要的是真正的公民审美教育，强调的是现代社会对公民的美术综合素养的普及性要求。深圳美术教育，正是基于"大美术观"的核心理念，植根于深圳这样一座典型的移民城市，以特有的包容、多元、开放和创新的城市精神，持续而坚定地践行着我们自己的理解。可以相信，基于"大美术观"的深圳美术教育，一定会绽放出更加璀璨的现代美术教育之花。

# 《图形　联想　创意》同课异构教学研究

　　教育科学的比较研究是对某类教育现象在不同时期、不同地点、不同情况下的不同表现进行比较分析，以揭示教育的普遍规律及其特殊表现，从而得出符合客观实际的结论。"比较研究法"是常用的教育教学研究法，"同课异构"教学研究就是为教师们提供了基于比较研究方法的一个面对面交流互动的平台，"同课异构"着眼于用"比较"的方法来看待"同课"中之"异构"，侧重点在研究"异构"。

## 一、实施方法解读

　　"同课异构"的字面意思很简单：相同课题的不同结构设计。在我看来，它包含三方面不同的理解含义：

　　（1）教与学的实际现状：老师本身的情况（专业技能、综合素质和艺术素养）、学生情况（基本能力、美术素养和学习能力等）、环境情况（教学资源、硬件情况）。（我们在哪里？）

　　（2）国家课程标准：明确了解国家课程标准赋予教师的强制性目标要求。（我们去哪里？）

　　（3）课堂教学结构设计：这个部分是最能发挥老师的专业技能与教学智慧的环节。（我们怎么去？）

　　其实"同课异构"还包含两种不同的做法（即"同人同课异构"和"异人同课异构"）。让我们来看看采用"异人同课异构"教学设计方式，可以给我们带来的变化：首先，"同课"指的是教与学的实际现状和国家课程标准相同或基本相同的情况之下，由教师去实现课堂教学结构设计，充分发挥和考验教师专业技能与教学智慧。此做法有效地让教师长期形成的教学思维定式发生倾斜，大家博采众长，互相体会，很好地凸显了教师的个性化设计的特色与风采，实现了我们期待的"条条大道通罗马"的百花齐放的良好教学生态。其次，实现了在课堂教育教学实施中教与学的关系转变原则：教师的主导性地位得到充分展示，在教师主导性作用的发挥下，学生学习的主体性也同时获得提升。最后，异人同课异构可以让老师在这种集体结对研课的氛围中，通过自己发现的别人教学中的优势，来完善和改进自己教学活动中的短板，从而使得教师的教育教学能力得到提升。

而"同人同课异构"的实施，由于同课异构的设计与实施，发生于同一人，与异人同课异构相比，相关条件发生了变化，所产生的结果意义和想要达到的目标显然也有所不同：实施同人同课异构的教师，需要以极大的勇气去挑战自己业已形成的思维定式，挑战自己已经成型的想象空间，更新自己或许老旧的教学理念与固有知识；而国家课程标准基本上就是个不变量，在老师本身的情况与教学环境在短期内大致维持稳定的情况之下，课堂教学结构设计的智慧和对于变化中的学生情况（通常是同年级不同班级的学生）又给老师的临场应变能力带来了一次新的考验和提升。

## 二、课型要求解读

《图形　联想　创意》一课是一节很典型的初中设计及应用课型，学生从中可以学习到"异中求同"和"同中求异"两种不同的设计思维及"图形简化、重叠"等设计方法，并能够合理运用这些设计思维与设计方法进行有主题的海报作品设计与创作，这是本节课基于美术学科本位特征要求的基本方法。同时在教学中，尝试让学生能够充分结合自己已有的生活经验、绘画表现技能及综合美术素养积累，来对自己的实际生活进行美化，将我们的生活艺术化。在教学中，通过教师的有效引导，对课本陈列的作品赏析与构思，运用自己掌握的图形简化、重叠的表现手法来进行生活艺术化的实践活动，这就是学生综合美术素养在实际生活中的具体体现。同时，在本节课的艺术实践（课堂作业练习）中，让学生在掌握运用常用表现材料来表达感受的基础上，还可以尝试体验并了解各种不同的表现媒材的塑造特性，从而增加学生作品表现手段的多样性，以及掌握同一主题的多样性表达的方法。因此，以学生的自身感受为基础，去完成带有主题的艺术作品的多样性创作表达，是我们本节课的又一重要目标。

## 三、教学实施建议

由于这节课的自身特点，在进行课堂教学环节设计时，我们可以将本课的教学过程分成三个部分：①欣赏课本图片作品，了解作者的构思与寓意，探讨艺术家的作品表现手法及创作步骤，从而寻求找到适合自己的创作思路与方法；②掌握并学习图形简化、重叠的方法与步骤，感受课本例图，启发学生在欣赏名作的基础上进行构思及创作，以教师设计的有针对性的问题串联本课的多个知识点与学科技能；③体会各种不同媒材的造型塑造特性，以小组合作的方式，师生积极配合，最后作品的输出是以团队合作的方式来呈现的。

## 四、教学活动设计

整个教学活动分为师生共同赏析、启发学生思维、观看教师示范及学习创作四个步骤。在教学中，教师通过渗透环保理念，让学生同时关注和思考人类生存的空间与环境，增强社会责任感。

## 五、点评要点概述

最后呈现的团队作品能否体现出学生合理运用简化与重叠的方法，通过学生对自己作品的设计意图和方法的描述，观察和测评出学生对于本节课设计思维"异中求同"和"同中求异"的掌握与合理运用的情况，以及合理客观地评述其他小组学生作品的创意与设计思路；学生能结合自己的生活经验，以及点评环节所得到的教师与同学的点评建议，找到修正和完善自己小组作品的路径与方法。

## 六、教学现象思考

在实际教学过程中，我们常常看到完成了"新授"环节之后，在学生进入作业环节的那段时间里，教师的"巡视"对于学生的作业状况并没有起到实质性的"辅导作用"：一方面，学生一旦进入了自己的作业创作状态，就难以听清老师新的作业要求；另一方面，由于以往的"教师新授"和"学生作业"环节被完全分离，而且知识技能的传递、讲解及课堂作业的要求缺乏必要的梯度设置，从而可能导致学习能力和课堂专注力相对低下的部分学生，无法完整地接受和理解新授的知识与技能。老师"新授"的知识技能和作业要求容易被这部分学生游离于作业之外，他们的作业只好变成重复和再现其原有的经验和知识的过程，作业难以呈现基于本节课新授知识和技能的学习效果和成长水平，这种现象在刚刚进入小学的低年级学生中表现得尤其明显。

## 七、教学改革尝试

面对这样的情况，我们提出了将美术课堂教学重新建构成为三段N环的教学模式，把"新授"与"作业"环节融为一体，将本课的总体教学目标进行分解与重组，将新授及作业过程分为N个环节，基于具体的学生情况，以分段落实整体的教学目标、逐级分解作业难度的教学思路来重新设计课堂教学环节，逐步确立了分段落实教学目标、逐级分解作业难度的教学思路。实践证明：新授知识与技能的教学效率和学生的作业效果都比较理想（详细说明见《中国美术教育》2017年第5期之《分段落实教学目标的实践与分析——以"大鱼和小鱼"一课为例》一文）。

## 八、教改情况综述

综上所述，以"同课异构"的方式进行教学研究，很好地提升了作为教学主导者教师的综合素养，深度研习了国家课程标准的核心目标。在设计中，教师深度思考了培养学生核心素养的可行路径，同时结合了学生的具体情况及思考和学习能力，更为重要的是让我们的课堂教学设计凸显了培养学生"学会"

知识的能力与方法，即使学生将来忘记了曾经学习过的知识与技能，也还有足够的学习能力去重新学会自己需要的知识，即授人以渔。正所谓，在通往高效实现课堂教学目标的路径选择和设计中，我们可以通过我们教师的教学智慧与学科素养，寻找到最适合当前课程标准要求下的前行之路（教学结构设计和教学方法），从而成功到达实现我们教育教学目标的"罗马之城"。

正如习近平总书记在给中央美术学院老教授的回信中所希望的那样：希望广大教育工作者坚持正确办学方向，落实党的教育方针，发扬爱国为民、崇德尚艺的优良传统，以大爱之心育莘莘学子，以大美之艺绘传世之作，努力培养社会主义建设者和接班人。

恰逢这样一个艺术教育的春天，面对这样一个席卷全国的"课堂革命"浪潮，作为一线美术老师应该有所作为。作为一线教师，在牢牢把握美术学科本位教学的同时，我们的美术课堂还应该把育人作为首要的教学目标，清醒地认识到我们肩负的新使命，为新时代的中华民族之崛起奉献自己微薄的力量！

# 渐进式教学让小学美术欣赏课更有效率

## ——基于费德门鉴赏程序的教学实践

关于中小学美术欣赏课的教学目标，美术新课程标准中对"欣赏·评述"课型有这样的描述："学生对自然美和美术作品等视觉世界进行欣赏和评述，逐步形成审美趣味和提高美术欣赏能力的学习领域。"具体解读美术欣赏课的教学目标是：1.感受自然美，了解美术作品的题材、主题、形式、风格与流派，知道重要的美术家和美术作品，以及美术与生活、历史、文化的关系，初步形成审美判断能力。2.学会从多角度欣赏与认识美术作品，逐步提高视觉感受、理解与评述能力，初步掌握美术欣赏的基本方法，能够在文化情境中认识美术。3.提高对自然美、美术作品和美术现象的兴趣，形成健康的审美情趣，崇尚文明，珍视优秀的民族、民间美术与文化遗产，增强民族自豪感，养成尊重世界多元文化的态度。作为课程标准改革的顶层指引，教学目标是非常明确的，但在具体教学实践活动中，经常会出现一些理念把握不准、环节操作不好、方法实施不对和目标模糊不清的状况。这些状况的出现，都是需要我们一线教师在深入理解和有效实践的基础上去加以完善的。

## 一、为什么要以学生的现有经验作为基础（基于师生的教与学的地位）

"欣赏的概念特征：欣赏具有主观的、个性的；自由的、自主的、自觉的、自为的；浪漫的、想象的、创造的等表现特征。同时也是人的个性思想、独立精神与自我情感的体验本能和自然灵性。"[①]显然，尊重学生个性的、自主的并且基于自身经验的表达才是走向提升学生欣赏能力的开始。同时，美术课堂上学生审美情感的发生需要三个条件：第一，美术教师要从单一的语言"传递"方式，变化为师生共同与美术作品（教学课题）"交谈"（对话）的互动状态；第二，学生的眼睛在看美术作品或教学主体物的时候，此刻的思维要从"观察"状态进入"欣赏"的眼光；第三，师生整体的学习状态要从"审察"某课题内容的外显性，发展到心理内化的"审美"态度的转换和转移。这三点是从教师的教学行为、学生的学习行为角度来讲的，这是小学美术课堂上学生审美发生的精髓。达不到这三点，谈审美都是空的。[②]

## 二、美术欣赏课的鉴赏程序

美国费德门教授认为美术欣赏课的鉴赏程序可分为：A.描述（描述作品的主题、构成形式、技法特点等表面直接可以辨识的客观呈现，不包含任何主观观点）；B.分析（分析作品的组织形式及特点，将自己的观点与前面描述的客观呈现之间产生连接与融合，并说明理由）；C.解释（通过前两个环节的进行，从而可以产生由学生自己感受到的，由作品传递出来的观念与意义，从而使学生与作品之间产生某种心灵的连接和碰撞，实现初步意义的文化理解和传承）；D.评价（通过学生去推测古代作品的含义）。

作为小学一线美术老师，面对费德门教授提出的鉴赏程序，在自己具体的美术欣赏课堂上，我认为：既不能不假思索地依葫芦画瓢地照搬，也不能停留在只是对费德门教授观点的简单解读和实施的状态上，而应该在结合本地区乃至本校师生实际情况的基础之上，进行有思考和探究意味的教学手段尝试，才是对费德门教授鉴赏程序的最有效的实践。《义务教育课程标准》中"欣赏·评述"学习领域教学的基本要求，第一为观察。观察不是生活里的普通看看，观察是一种特殊的个性化的视角。而且，面对古今中外的美术作品，需要不同的观察方式与方法。因此，在美术欣赏课中实施费德门教授所提倡的鉴赏程

---

① 李力加. 走向多元的美术教育［M］. 长沙：湖南美术出版社，2009.

② 同①.

序（描述—分析—解释—评价）之前，在"欣赏·评述"这个学习领域中，教学目标确立的知识与技能目标，首先应该解决如何去看、如何去观察的问题。观察的角度、眼光和自身经验就会成为一个前提。尊重学生已有的经验和心理是关键，灵活掌握学生的年级、班级、性别、表达能力等特点是重点，引导学生有取舍地去进行这四个环节的渐进式教学操作则是体现老师课堂教学智慧的地方。

基于以上原因，我进行了这样的教学实践尝试。笔者将自己的渐进式教学操作设计为六个步骤：①观察；②描述；③分析；④解释；⑤评价；⑥画面呈现。那么，我们应该怎样来检验和评估学生按照我们所理解和认为的这种渐进式美术欣赏步骤的实际效率呢？具体做法（六个步骤）是这样的：①观察：首先让学生对本课美术作品的信息，包括作品名、作者名、画种、年代、国别及相关作品的画面的具体构成元素、组成方式等，用视觉直接识读的方式完成观察，"即用语言陈述被欣赏作品画面上可以直接看到的东西，暂不顾其含义和价值判断。对具象作品，应指明作品表现了哪些东西，而对抽象作品，则应指出主要的形状、色彩和方向等"。[①]并预先组织好自己的描述语言，因此，学会"观察"，学会用美术的眼光去"观察"，这是学生走向学会欣赏的第一步，老师设计出适合学生进行有针对性地去观察的问题，来引导学生观察典型作品的观察方向和目标，是降低学生观察难度，直接实现观察效率的重要环节。（老师适时采用分组问答和抢答等方式来检验学生的观察效果，实际上是设计一个互动和竞赛相结合的课堂回答的流程更重要）实际上，"视觉识读"（美术核心素养之首）是我们获得信息的最重要的手段之一。②描述："是指探讨一件作品的造型关系，包括各种形状的相互依存及作用方式、色调处理、空间营造、构成原理的应用等。"[②]以老师指定或者学生自选的方式，让学生面对一幅作品，以语言的方式来描述自己观察得到的收获，同时让其他组的成员进行点评打分，实现基于学生自己观点的相互交流、补充和互动。（基于学生个体间客观存在的美术语言表达能力上的差异，以及美术表现方式的分类

---

① 尹少淳.美术及其教育［M］.长沙：湖南美术出版社，1995.

② 同①.

要求，描述可以是完整的段落、零散的句子，甚至是断裂的关键词）③分析："即推测美术作品的含义，或者说探讨美术家通过作品想表达的观念。"[①]我认为应该是基于个人经验的融合表达，让典型作品和学生的已有经验产生"某种关联"或者叫"结合"，比如，在六年级下册第三课《回到古代》中，学生经过观察，开始对《龙舟竞标图》进行描述，有学生认为图中拱桥两边护栏上的小装饰物品是小树，这其实就是同学们曾经看到自己学校附近的桥上有一些种植的花草，显然，学生将自己生活中的经验和记忆与经典作品中的某种物象进行了类比和关联，为基于学生经验基础的理解和认同打下了基础。这时候，老师适时简要讲解关于"典型作品"的相关背景资料，此时的学生心里已经产生了需要了解"典型作品"的背景需求，课堂不再是从前那种对学生不管不顾的"一言堂"了，在此，老师将"典型作品"的背景及时代特征与学生的现实生活进行有效串联就变得非常重要了。④解释：经过了前面三个环节之后，学生对典型作品开始产生基本的感受了，他们开始揣摩典型作品的作者想要通过作品传递出来的观点与感受，并且是在基于自己经验和积累的基础上产生的认同和理解。（融合学生个人经验和美术素养的观点表达，有了前几个环节的铺垫，"现代的学生"和"典型的作品"之间产生了由观察到分析再到理解的一个过程，最后再由"现代的学生"在实现了初步的或者很浅层面的"文化"理解之后，基于社会环境的完全改变而积淀的自身真实经验与感受，发表对"典型作品"的整体感受，其中既实现了对文化的理解与传承，又充分尊重了学生自身的独立思考，这也应该在一定程度上初步具备了我们常说的"继承与创新"的某些积极意义吧。尊重并鼓励学生大胆、自由和基于自身经验积累对典型作品进行个性化解读——我个人认为，这应该是提高学生素质，尊重学生感受，串联全体学生感受，改变和提升学生学习动力和主体性的有效方法之一）⑤评价："即推测美术作品的含义，或者说探讨美术家通过作品想表达的观念。"[②]我认为：学生揣测作者想要通过画面传递的观点和意义，而后向外界

---

① 尹少淳.美术及其教育［M］.长沙：湖南美术出版社，1995.

② 同①.

传递和作品充分关联后的个体理解与观点，而最后的评价，由每个学生的表达去实现对整个美术欣赏课教育观念的改变有极好的改善，是学生基于自身经验和经历的美术欣赏能力和素质的重要呈现。课后，指导写作小短文，有助于学生在一段相对安静的时间里，以成熟、理智和全面的状态，完成对一件"典型作品"从观察到评价的全过程的心理认同和理解的呈现，从而可以了解学生展示自己经验、体现课堂收获、体会与感受的程度和效率。⑥画面呈现。（最后以创作或者临摹的方式，以自己的美术作品来呈现自己对课堂上典型作品的内在感受、认同和理解，成为学生展示自己观点、体现对典型作品的理解与认同，以及自己具备的绘画技巧的检验方式）

　　总而言之，美术欣赏课堂教学的思路，是以观察为基础，以学生的心理感受为中心，精心预设问题，以老师的问题串为导向（基于学生的经验及老师对学生的了解），充分发挥老师作为课堂主导性角色的作用，让学生去执行有明显指向性的具备可操作性的问题，引导学生更有效、更有目标性地去观察、描述、思考，继而实现教师通过美术欣赏课堂，来完善学生的思维方式，继而提高美术欣赏课堂的教学效率，最终实现提升学生美术素养的目标。在具体方法的实施上，学生的表达可以是各组轮转回答和补充回答，也可以是老师追问后的抢答；既可以是作品外观的具体比喻，也可以是对作品中出现的物象的多维联想，通过和同学、老师进行有效互动和碰撞，最后理解和揣测作者想要传递的感受。这样既尊重了学生的基础感受，又让学生以自己的感受与画家想要表达的感受去对比、理解、提升，直至完全认同画家的典型作品的心理变化过程。师生在课堂上角色的转换，一定会成为学生想要表现自己感受的动力，学生学习的主动性也就自然地转变了。

　　面对学生的美术素养全面提高的新要求，面对摆脱目前把美术教育局限于技法表现的认识，只有学生的欣赏眼光、经验积累、全面表达和视角独特获得足够呈现的机会，才是学生综合美术素养提升的基础与关键。因此，课堂教学当中的美术欣赏课才是实现这一目标的最好实践，重视美术欣赏课的必要性和重要性由此可见一斑。

第二篇

实践引领

——基于社团艺术实践活动的师生共同成长

# 美术课堂教学创研工作实施方案

## 一、美术课堂教学创研工作指导思想

红桂小学美术课堂教学创研工作以科学发展观为指导，以美术教学新课程标准为核心，以优化美术学科常规课堂教学结构、探索并创新基于新课程标准的课堂教学结构及手段为主要目的，以常规性和阶段性评价为手段，加强过程性评价和角色性评价的效果，以培养学生能力为主要目标，切实强化以学生为主体、老师为主导的教育教学理念，为丰富罗湖美术学科课堂教学改革的内涵与手段做出贡献。

## 二、美术课堂教学创研工作的定位

### 1. 明确国家强制性课堂教学的要求

国家课程标准的实施与完成具有强制性和规定性的原则，是指导我们实施美术课堂教学的纲领性要求，如何设计课堂教学的程序和方式，并取得良好的教学效果，则是我们美术老师的基本责任。

### 2. 传承和总结罗湖美术常规课堂教学的模板型范式

如何总结、归纳和建立美术课堂教学最基本的程序、步骤与方法，是工作室的一个基本任务，使新入职的年轻教师在一种规范模式和步骤要求的引领下，能迅速有效地掌握最基本的课堂教学方法，顺利开展和实施初步的课堂教育教学活动。

### 3. 探索创研基于新课标的高效型课堂教学的构成

在初步掌握美术课堂教学手段、方法的基础上，通过师徒帮带、经验积累、听课评价、理论学习和专业培训等方式，让年轻教师能根据自身体会、学生情况、班级特点、不同教材与课型特征较为合理地组织和设计自己的课堂教学，使得自己的课堂教学在以学生为主体的课堂教学中获得更好的效果。

**4. 尝试创建智慧型教学风格**

美术学科资深教师是学科教学的宝库与财富，他们具备教学经验和教学手段丰富、学生情况掌握较详细和实际操作能力强的特点，长期的教学活动，或许会使他们产生职业倦怠，我们尝试重新唤起资深教师的职业热情，更新教育理念，结合丰富的教学经验，使他们努力向学者型教师迈进，形成初具明显个性特征的教学风格。

## 三、实施目标与方法

**1. 研究目标**

以欣赏评述等美术教学四大教学课型为载体，实现对学生综合能力的发展。其中包括学习兴趣的持续发展、发现并解决问题的能力、合作探究能力、归纳提炼概括知识的能力、美术表现和语言能力、独立思考和个性发挥教学内容的能力。

**2. 理念方法**

让教学内容成为一个载体，让课堂成为学生能力发展的平台，让教学方法和手段成为帮助学生能力发展的工具，使学生的综合能力在实践中得到运用与提高。

**3. 资源共享**

引入罗湖区优秀工作室主持人的专业技能讲座，提升和拓展学生综合美术表现能力，使罗湖区现有的优秀专业美术学科资源成为学生能力发展的不竭动力。

**4. 过程记录**

通过对作品、活动视频与照片、课堂教学手段、QQ群及团队活动的过程记录等的综合运用，形成对学生成长过程的全方位评价数据。

**5. 思维导图**

引入使用思维导图的思路，让学生自我构建自己的美术知识体系框架，并初步具备自我总结和归纳新知的能力。

## 四、美术课堂教学创研工作的预期成果与呈现方式

**（一）预期成果**

（1）形成浓郁的校园美术文化氛围；初步形成以学校四、五、六年级各班美术社团为基本组成的学校校园美术文化特征，各年级、各班级形成相互竞争、彼此促进、独具风采、各有特点的校园整体美术文化，并以美术学科为中心，以带动学生整体动手能力、独立思考能力、自我完善和更新能力为主要特点的综合素养的提升。

（2）形成完善的学校美术课程体系；初步形成以学校社团活动为主线的学生自我发现、自我认同、自我反思、自我完善的体系课程。

（3）形成颇具特色的教学方法；结合学校、学生及教师的特点和优势，在总结和规范美术课堂教学的一般性方法规律的基础上，形成颇具学校和教师自身特点的特色教学风格。

（4）学生识别图像的能力、审美能力、美术表现能力、创造能力得到普遍提高；在初步形成以美术社团为活动中心，以各班社团活动为主体的整体校园文化特色后，学生的实际动手操作能力、思考和观察能力、对自身缺点的自我修复和完善能力将会成为学校学生的普遍特征和学习习惯。

（5）教师综合素养得到提高。在工作室的操作过程中，由于在整个实验阶段，教师都在力图确保作为学习主体的学生的综合能力的提高，本工作室的创研性质就基本决定了作为工作室成员，在面对每天每个美术社团的每个学生的每个新思路、新想法、新创意的出现，以及相应的协助要求，就必须不断去更新、完善自己的知识结构，否则，将无法和学生日新月异的变化和进步相适应。因此，工作室在机制上就客观具备了促进相关教师自身综合素养不断提高的动力和要求的功能。

**（二）呈现方式**

论文、论著一本，公开课3节，专家讲座3次，专题报告会3场，教学案例集一本，美术社团展演3次。

## 五、行动路线（三年规划）

三年目标的分步实施方案（2015年6月—2018年6月）

第一阶段：学习准备阶段（2015年6月—2016年2月）

（1）制定工作室工作计划。

（2）工作室成员制定三年成长规划。

（3）通过协商，制定并采取"师傅带徒弟+集中培训+自主学习"相结合的方式，努力提高工作室所有成员的专业技能、教学水平、理论研究水平等综合素养，进一步研制工作室运行和推广模式，确定并完善工作室三年总体规划。

（4）调研成员已经担任的省、区级课题研究任务，进行省、区级课题的研究规划与分工申报。

（5）建立工作室成员的专业成长档案和工作室建设档案，为工作室成员的成长足迹及工作室的发展过程及后续发展积累、提供丰富而宝贵的资料。工作室成员以表格形式呈现教师姓名、性别、年龄、学历、毕业院校、专业特长、在工作室中的分工及任务。

第二阶段：全面实施阶段（2016年3月—2017年3月）

工作室成员在日常教育教学过程和活动中进行课题研究，教与研相结合，举办两次全区的美术教学研讨活动（教学、教研、竞赛）；举办4—6次由工作室成员承担的美术学科研训的培训工作；组织两次工作室成员到省级名师工作室考察活动；组织一次工作室校本教材的外区推广活动；组织两次工作室成员及学生的外出学习活动；力争本人工作室上升为省级名师工作室，工作室2—3名成员教师成为各级名师工作室主持人。

在不断提升成员的教学能力与水平，尽可能地发挥工作室成员的引领作用的同时，随时积累相关素材和成长资料，本人及工作室成员要积极撰写相关论文2篇，教育叙事4篇。

第三阶段：总结反思阶段（2017年4月—2018年6月）

工作室成员成果及成长档案的归纳与整理、形成：工作室发展路径梳理、教育教学论文集、教学设计案例集、工作室成长影集及录像、工作室教师成长档案集、学生成长案例集。在此基础上，工作室成员应不断反思、改进、完善、总结，出色地完成工作室的教学与研究任务，形成一系列成果，力争培养出一批教研、教学能手，使工作室在更为广阔的范围内发挥更好的示范引领作用。

## 六、美术课堂教学创研工作室组织建设

成立红桂小学美术课堂教学创研工作室领导小组。

组　长：叶育枢

副组长：肖　牧　李　科

成　员：李东青　陈亚敏　敖　明　李　昕　陈静波　谢　渊　李　爽

　　　　胡明华　胡　云　杨　锟　易　金　袁习霞等

## 七、美术课堂教学创研工作室评估考核

（1）美术课堂教学创研工作室必须确定本工作室研究发展方向，拟定工作室职责、具体工作目标和工作方案。每年年初、年末写出工作计划和工作总结，报区教育科学研究中心及学校美术创研工作室领导小组办公室备案。

（2）美术课堂教学创研工作室原则上以三年为一个工作周期，在每个工作周期中，按有关评估标准，通过查阅资料、调查访谈、成果检验等考核方式，对工作室主持人进行工作周期内每年两次的过程性评估和一个工作周期末的终结性评估，报美术创研工作室领导小组确定评估等级。工作室主持人依据本《办法》，负责对研究成员的年度考核，并做出综合鉴定，形成书面意见，提交美术创研工作室领导小组办公室确定评估等级。

红桂小学美术教学创研工作室

2015年9月

# 基于Moodle平台进行美术欣赏课教学

## 一、Moodle平台项目综述

近年来，随着网络学习研究的方兴未艾，以社会建构主义理论为基础的网络课程系统也逐渐被人们所熟知，由澳大利亚教师Martin Dougiamas博士开发的Moodle课程管理系统逐渐进入人们的视野。Moodle 平台以建构主义教育学为理论基础，依据社会建构主义的教学思想，即教育者（老师）和学习者（学生）都是平等的主体，在教学活动中，他们相互协作，并根据自己已有的经验共同建构知识。Moodle平台是一套基于建构主义教育理论而开发的课程管理系统，是一个免费的开放源代码的软件。

红桂小学自2013年4月4日起，启动"基于Moodle学习平台建设的信息技术与小学教学高度融合一揽子解决方案"的改革创新项目（以下简称"项目"）。项目缘起于专家、学者及一线教师基于信息社会与大数据时代对人类的学习活动所提出的新要求，所提供的新环境、新技术，具有前瞻性，有强烈的改革创新意识，且改革创新贯穿整个项目建设。

项目以2014年5月29—30日在红桂小学举行的"红桂小学基于Moodle学习平台的信息技术与小学教学深度融合改革创新研讨会"为标志，取得了阶段性成果。此次会议有来自香港、北京、上海、四川、重庆、江苏、云南、安徽、广东等地的专家、学者、同行共100余人，他们对项目予以高度关注与评价，对会议也赞不绝口，认为能在一所普通小学举行如此高规格的会议，堪比"国际会议"，实属难能可贵。

项目旨在将学生的学习活动建立在互联网与数码技术之上，开启新时代崭新的学习方式，也由此从根本上解决目前我们学校教育难以解决的一切问题。

## 二、项目的基本架构

基于Moodle基本功能与插件的学习平台；

小学阶段各学科的学习资源（资源库）；

建立在云计算、云存储基础上的后台管理；

建构主义的学习设计；

逐步卡通化、游戏化的课件设计与知识整合；

师生信息素质体系的建立与培养；

师生培训教程的建立与实施。

我们的计划是在2015年5月基本完成上述体系，形成一个"范式"，为目前国内正在热烈探讨的"信息技术与学科教学高度融合之一揽子解决方案"提供完满的解决方案。

## 三、项目应用

2014年3月11日下午，颜东升书记组织语文科组骨干老师正在为进行一次语文教学的大转变而热烈地讨论。本次科组活动研讨的主题是"颠覆传统，翻转课堂"。老师们在对翻转课堂的导学案资料进行学习、分析、研究后，以《自然之道》为范例，初步形成了一份全新的语文导学案。导学案分为四个部分：最初印象、小试牛刀、各显身手和勇攀高峰。每一部分都对学生提出了不同的要求，旨在根据学生的不同层次有针对性地训练学生的学习能力。

2014年3月13日上午，语文科组再次举行"翻转课堂"专题研讨会。本次活动发挥了良好的示范作用，为进一步推进红桂小学"翻转课堂，突围传统"活动起到了积极作用。值得一提的是，随着参与"翻转课堂"的教师人数的增加，同一科组内的教师不再重复备课，减少了工作量，同时集体备课集思广益，在思维火花的碰撞过程中教师收获了成就感与专业发展的动力。

2014年3月18日上午，红桂小学叶家群老师基于Moodle平台的教学实验研讨课在大会议室精彩开讲。这一堂课是我校基于Moodle平台高效课堂建构研究的课例，它依托备课组集体力量，设计巧妙，课件制作精细，采用先学后教的教学方法，不同层次的学生有不同的学习任务与学习内容。课堂知识内化于课前，课上小组交流、全班分享。短短一节课的分享内容丰富，学生学习兴趣浓厚，侃侃而谈，"各显身手"这一环节更是将课堂气氛推向高潮。

具体表现为：

（1）晚上布置录音作业，学生根据电子课本进行跟读。

（2）教师随机出示2—3段前一天晚上学生在家录的录音，学生进行评价，评价后猜测本录音是哪位同学的。（一句一句播）

（3）小组合作学习：学生为对面同学的录音进行评价，给出建议。

（4）重录阶段：学生根据刚才得到的所有意见进行现场录音。

（5）角色扮演，教师给出新的情境，同学之间可以利用录音功能进行角色扮演，教师晚上可以在网络上进行检查。

（6）教师根据实际情况录制教学视频上传到平台，课前预习，课后复习，学生可随时看、多次看。

（7）利用平台讨论区，开启学习讨论话题，小组讨论，全班分享。

（8）利用题库功能，自动评分，并且对于错得多的同学单独讲解，更有针对性。

## 四、美术学科基于Moodle平台进行美术欣赏课教学的思路

### 1. 课前部分

（1）教师根据欣赏课的基本要求，将设计好的课前学习资料上传到学校Moodle平台的相应位置，给学生提前预习提供基本方向。

（2）学生在预习过程中，可以自主对老师提供的基本材料进行编辑，预习材料中老师只是提供了一些简单的名词，而学生需要对这些名词进行理解，就必须自己在网上进行相应的搜索，并对自己搜索到的资料和相应的名词进行"超链接"处理，其他后来学习的同学在预习中，就可以直接享受前面同学的

学习成果，同时，后来学习的同学也可以对前面同学还没有进行"超链接"的名词，进行"超链接"。这样就把原来老师提供的简单名词进行了重新构建，丰富了老师原本作为预习材料的内涵，同时，也方便了其他后来需要预习的同学的学习。

这样，老师简单的预习材料，经过许多同学对老师提供的不同名词进行"超链接"，在短时间内，已经变成了一个数据比较充分的、涉及本堂欣赏课各方面的、基于学生自主的、自助学习意识完备的知识系统。

同时，在预习中出现的且自己无法解决的一些问题，学生可以通过系统给老师留言，老师在网络上收集这些问题，在课堂上进行有针对性的解决，这无疑从根本上提高了老师的课堂教学效率。

**2. 课中部分**

（1）由于学生已经在课前进行了比较充分的预习和阅览，老师在课堂上，只需要提供一些针对学生课前学习的状况而设计的讨论性问题，供学生在课堂上进行表达和讨论，老师则成为穿针引线的讨论主持人的角色，从而完成学习过程中学生的主体性地位和老师的主导性地位的确立。这改变了老师"一言堂"的传统课堂教学模式，极大地提高了美术欣赏课的效率，使得一堂美术欣赏课变为生动有趣、知识点密集的高效课堂。

（2）课前学生对某幅名画欣赏，他们根据老师的课前提问，表达出了自己的初始观点，课中通过与学生讨论、老师的引导，重新调整自己对该名画的认识，可以再一次进行观点表达，而这前后不同的两次表达的实质性区别，正是来自我们学习方式的转变、学生与老师在学习过程中的地位转变，以及学生以自己主观感受为前提的认识和欣赏水平的转变。

**3. 课后部分**

课后，老师仍然布置了相应的问题，学生根据老师的问题，对自己的认识上的变化、欣赏水平和表达能力的提高、自己在理解上的错误及将其他同学的观点和自己对照后产生的感悟等进行反思和总结，从而可以形成自己对美术学科欣赏方法的一种归纳和总结，经过一段时间的积累，学生的实际欣赏水平和语言表达能力都将获得极大提高。

这是我校关于美术学科美术欣赏课基于Moodle平台进行的更富有效率、富含更多知识点的一种变革思路，目前尚显粗糙，希望能得到上级领导和专家的建议和指导。

深圳市红桂小学　胡云

2015年5月12日

# 美术学科大课程建设实施总结

　　2015年9月，"广东省中小学美术课堂教学创研实验基地"暨"罗湖区胡云美术教学创研工作室"在红桂小学挂牌成立，两个工作室基于罗湖区MO学生美术素养综合测评模式导向，致力于学校美术课堂教学结构与方法、学生自主欣赏社团活动模式及学生美术素养综合评价体系（以红桂为例）的创新性探究，力求探寻具备创新意义的学校美术教学形态，力争创研出中小学美术学科教学的大课程体系的红桂实践经验。其主要创研体系的核心结构为：课堂教学、社团建设与实践（技能型和自主欣赏型两类社团）及美术素养综合评价体系（以红桂为例）三者之间的相互影响、相互联系而又各成体系的相互关系。

　　其FMI课堂教学方法多次在国家、省、市、区各级公开课中进行尝试性展示，广获好评。红桂小学学生自主欣赏美术社团，也成为获邀在深圳市中小学艺术素养测评现场会上进行现场展示并分享模式经验的唯一社团，而基于罗湖区MO学生美术素养综合测评模式导向的红桂小学学生美术素养综合评价体系（以红桂为例）的创新性探究，正在成为新的全面衡量和评价学生综合美术素养的评价标准。

# 创建深圳市"优秀社团"实施计划

## 一、美术社团的定位、运作方式及目标

### 1. 美术社团的定位

红桂小学美术自主欣赏社团是由学校四、五、六年级各班部分学生组建的学生团队。美术社团的建立是基于学生对课堂美术教学的知识，能够在实际操作中运用与领会而设立的，我们主张"学以致用"而不是"学以待用"，只有在实践中去合理使用学科知识，才能将书本的课堂知识内化为自身的能力。

美术社团是对美术课堂教学的有力补充和优化。一方面，美术课堂教学为学生社团活动提供了表达的手段与观念；另一方面，学生在社团活动中产生新知识与新技能的使用需要，这种对新知识与新技能的主动性要求可以推动和提升美术教师课堂教学的有效性和实用性，从而使两者成为相互促进、互为补充的"利益共同体"。

### 2. 美术社团的目标

区别于其他工作室的专业高度及单一专业技巧训练的覆盖现象，面向全体学生，在学校四、五、六年级的每一个班级，由班级学生自主组建一个美术欣赏社团，尝试构建以学生自我认同、自主实践、自我表达、自我反思的自主学习为主体特征的学校美术校园文化。将学校美术课堂教学与学生具体的基于美术学科特征（美术欣赏、平面与立体造型能力、综合制作等）的实际操作结合起来，在社团活动实践中去检验和展示美术课堂的双基能力，学生社团活动的实际能力来自美术课堂教学的学习效果，从而达到学生的实际操作与教师的课堂教学相互促进、共同提高的效果与目的。形成红桂小学以班级、年级美术文

化特色为基础的综合校园文化主体，初步形成学生自我认识、自主学习、自我表达、自我评价、自我反思的自主学习的学校校本课程，并尝试逐渐发展并积淀成为校园美术文化，使美术社团成为红桂小学独特的美术教育教学，带动学生综合能力得到发展的校园文化特色。

**3. 美术社团的运作方式**

学生美术自主欣赏社团以美术专题小演讲为呈现方式，以学生美术技巧、绘画能力作为社团活动的表达手段，学生自由组织、规划、轮流演讲、彼此合作、相互评价、自主发展，以学生喜欢的中外美术家、美术作品、生活中喜闻乐见的美术形式、美术技巧、绘画能力为美术专业小演讲的中心内容，采用红桂小学原创的学生自主审美社团的活动模式，实现以美术学科为载体的学生全面能力的发展（组织运作、团队合作、实操分工、互相学习［取长补短］、自主意识、科学态度、主动表达、自我认同）。继而形成以班级美术文化特色为基础的学校综合校园文化主体。社团活动（美术专题小演讲）可以推动学生的采编能力、信息处理能力、自助学习能力、文字及口头表达能力、活动过程性记录能力、协调能力、团队合作与协调能力等综合能力的全面发展。

## 二、美术社团的具体活动安排

**1. 美术社团的建立与活动时间安排**

四、五、六年级每个班建立一个社团，目前全校共12个社团。

周二16：00—17：00——六（1）和四（4）、六（3）和四（3）社团活动

周三16：00—17：00——五（1）、五（3）、五（4）社团活动

周四16：00—17：00——六（2）和四（2）、六（4）和四（1）、五（2）社团活动

**2. 学生导师制**

建立学校美术社团的学生导师团队，以六年级美术社团为主体建立学校美术社团学生导师群体，带领刚刚组建美术社团的四年级学生，以团队互助、合作学习的方式，通过社团内部分工（绘画、PPT制作、演讲、演讲文稿撰写、活动组织协调、照片和视频录制上传等），进行"一对一"的对口引领，加快

四年级团队的成长，提升自身对知识的内化、表达及传授，从而实现共同成长、携手进步的可持续良性循环。学生导师由学校配发相应学生导师聘书及胸牌，树立学生导师的自信心与自豪感。

**3. 资料记录归档制——照片、视频、文字（学生、老师）**

学生美术社团配备平板电脑，在社团活动时，由相应的学生（媒体组成员）及时记录自己社团活动及作品创作的过程照片与视频，并及时上传，培养学生对资料进行保存和记录的良好习惯，为社团的总结、归纳与传播留下相关资料。工作室老师也应该及时记录作为工作室活动的相应图片和视频资料。

**4. 评价制**

学生社团的每一次专题小演讲，都会邀请学校领导、学生家长、学科老师、学生社团成员等参与和评价（活动评价表），从各自不同的角度进行量化评价和总体评价，可以极大地促进和提高美术社团的完善与进步。

**5. 社团演讲效果的讨论与完善**

对于每一次的专题小演讲，我们都会实时开展对本次演讲活动的讨论与修正，每一次的意见提出和每一次的细节修改，对于每个社团成员都提供了不可多得的成长体验，有效地增强了学生的综合素质。

**6. 管理制度**

学生社团实行组长负责制，由组长全面安排和协调本组成员的分工和职能，学生社团实际上就是一个社会小团体，每一次的小冲突、每一回的大讨论、每一次失败、每一回成功，都极大地考验和提升了孩子们面对自己与团队的信心与勇气，对他们的成长有着课堂教学无法替代的优势和效果。

**7. 关于社团成员的加入与退出**

每一位社团成员的加入和退出，都由学生社团成员自己讨论和决定，考验着每一位成员对团队利益、团队分工和团队合作的重新理解与分析，有效增强了学生的集体荣誉感和团队意识。

红桂小学美术科组

2017年9月

附：

红桂小学学生美术自主欣赏社团总名单

| 创建时间 | 社团名称 | 指导老师 | 班主任 | 毕业时间 | 组长 | 社团成员名单 |
|---|---|---|---|---|---|---|
| 2013年9月 | 丹青意昭 | 胡云 | 郑柔琼 | 2015年7月 | 刘佳怡 | 刘佳怡、王雅慧、刘虹、张秦斌 |
| 2013年9月 | 星能 | 胡云 | 周炳成 | 2016年7月 | 林圣雅 | 林圣雅、麦舒琪、黄珊、刘敏琪、上官博涵 |
| | 星韵 | 胡云 | 胡婷 | 2016年7月 | 林菲菲 | 李紫怡、林菲菲、冯艳琪、罗巍鑫、陶红如、许晓芬、赵思涵、陈美妍 |
| | 艺馨 | 胡云 | 陈诺 | 2016年7月 | 王琪琪 | 王琪琪、王嘉琪、郑宝仪、黎艳萍、蒋怡婷 |
| | 梦绘 | 胡云 | 李淑英 | 2016年7月 | 赵渲 | 花子涵、赵渲、向芸萱、王子青、蒋德浩、刘锦聪 |
| 2014年9月 | 童年时光 | 胡云 | 徐康康 | 2017年7月 | 张璞滢 | 张璞滢、黄雯熙、奚沁悦、李宇庭、刘佳媛、李雨嫣 |
| | 繁星 | 胡云 | 杨丹萍 | 2017年7月 | 郭雨潇 | 郭雨潇、史礼军、杨悦熙、吴海璐、吴嘉琦、罗瑜、李思亲、刘佳琪 |
| | 梦想 | 胡云 | 陈洁 | 2017年7月 | 王语嫣 | 王语嫣、袁玥、林千又、方慧莹 |
| | 幻彩 | 胡云 | 张丽 | 2017年7月 | 蔡家璇 | 蔡家璇、郭善儿、吴帆、房诗华、黎万昕、张添宝、赵名哲、刘嘉禄 |

续 表

| 创建时间 | 社团名称 | 指导老师 | 班主任 | 毕业时间 | 组长 | 社团成员名单 |
|---|---|---|---|---|---|---|
| 2015年9月 | STAR | 胡云 杨锟 | 李玲南 | 在校 | 尹美懿 | 尹美懿、廖家蕊、白蕊莹、杨泽欢、关可沣、黄晓钰、林雅茹 |
| | 红绒 | 胡云 杨锟 | 林慧萍 | 在校 | 邹思萍 | 邹思萍、王明慧、朱昭衡、杨梓楠、陈可盈、李瑞悦、蒋文莉、何维 |
| | 星乐 | 胡云 杨锟 | 陈晓微 | 在校 | 陈恩蒂 | 陈润滋、赵海欣、李依琳、陈恩蒂 |
| | 辰星 | 胡云 杨锟 | 王燕 | 在校 | 张楠 | 张楠、高阳、黎以琳、沈思颖、陈冰冰、陈欣榕、房钰熙、陈熹 |
| 2016年9月 | 五彩青春 | 胡云 杨锟 | 陈柳 | 在校 | 胡馨木 | 胡馨木、慰锆辰、邓慰滢、邹欣芮、李馨悦、姚佳宜、戴天凤、吴梓桐 |
| | 星语 | 胡云 杨锟 | 金国斌 | 在校 | 刘锦怡 | 刘锦怡、郭一琳、胡文馨、刘锦烨、姚炫恒、陈深萍、吴宛滢、李子璇 |
| | 梦幻 | 胡云 杨锟 | 胡明华 | 在校 | 雷思琪 | 雷思琪、朱可欣、秦语蘩、肖雯文、温景乾、李心怡、欧阳坚胜 |
| | 流星 | 胡云 杨锟 | 张玉梅 | 在校 | 曹梦阳 | 曹梦阳、秦敏淇、詹子琦、黄嘉滢、胡可馨、廖文婷、雷钰儿、林兴乐 |

备注：红桂小学所有的学生美术自主欣赏社团均从四年级开始组建

# 学生美术自主鉴赏社团探究性
# 项目式学习的活动课程

### 一、课程主题

学生美术自主鉴赏社团探究性项目式学习的活动课程。

### 二、课程载体

学生以美术专题小演讲活动为主要呈现形式，通过在社团内部的平衡组织运作、团队合作、实操分工、互相学习、自主意识、科学态度、主动表达、自我认同等系列活动，尝试构建以自我认同、自我感受、自我反思的自主、自助学习为主体特征的班级、年级及校园艺术文化体系。

### 三、课程流程（以《围巾》为例的活动课程流程）

（1）社团成员讨论，确定专题小演讲的题目《围巾》。

（2）社团成员讨论寻找相关资料：围巾起源、围巾材质、围巾形状、围巾图案、围巾系法、围巾色彩、围巾与服装的搭配、社团成员的围巾展示和表演、围巾海报的设计等。

（3）主要方向确定之后，按照学生社团的内部分工，在社团老师的指导下，分别进行演讲稿撰写、演讲PPT制作、主讲人员分配、演讲海报的设计制作等基础工作。

（4）小组成员对相关内容进行调整、修改等完善工作。

（5）小组内的合成练习。

（6）年级各班社团的专题演讲展示，评委（老师、学生、家长和社会人士）同时进行定性和定量的打分评定。

（7）根据各评委的打分评定进行分类综合汇总。

（8）各社团内部根据打分的结果，对本社团的专题演讲进行讨论，找到自身的优势和缺失，为下一次演讲做好准备。

## 四、课程设计依据

### 1. 缘起

基于包容、多元、开放和创新的大湾区区域特点，我们将"大美术"理念生活化、实践化，从美术学科核心素养、生活应用、教学科研和资源整合方面着手，建立适合学生综合能力发展的多元化成长路径。"道"与"器"辩证融合，"术"与"美"相携而行，面向全体学生，强调自主审美意识的培养，注重人文和审美素养的提升，就是我们对于学校美术教育的重新审视和调整的必然选择。

### 2. 背景

（1）美术教育绝对不能以结果作为导向来设计和制定与学校长期发展相关的课程标准，以结果作为课程导向的美术教育会忽视作为一个人全面素质提高的重要成长过程。

（2）小学美术教学就其学科特点来讲主要是培养学生的审美能力、造型能力、形象思维能力和设计创作能力。而审美能力的培养是美术素质教育的重点，也是创新意识的基础，让学生在美术学习过程中，激发创造精神，发展美术实践能力，形成基本的美术素养，陶冶高尚的审美情操，完善人格。

# 美术社团实践活动评价方案

**1. 方案目标**

探索有利于学生综合能力和美术素养提高，以及基于学校基本现状的适合中小学学校课程和校园文化建设的途径，使学生形成自身美术综合素养的自我发展与反思评价的能力。

**2. 内容设计**

学生参与课堂之外的美术社团实践活动，在活动过程中，由于学生的知识积累有限，学生团队会不断出现新问题、新疑惑，使得学生自主产生学习新知识的主观性动力，学生学习的主动性和主体性得以实现。继而实现以美术学科为载体的学生全面能力的发展（组织运作、团队合作、实操分工、互相学习［取长补短］、自主意识、科学态度、主动表达、自我认同）。

**3. 成长方向**

以学生美术技巧、绘画能力作为学生美术社团实践活动的基础内容，初步形成以学生自我认识、自主学习、自我表达、自我评价、自我反思的自主学习为特征的学校课程，逐渐发展并积淀成为学校文化。

**4. 评价方式**

（1）以发展学生自我发现为主要能力的自我评价：通过班级美术社团实践活动，以班级社团自主设立的演讲主题为线索，寻找自身具备的能为班级主题提供能量的优势与特点，或者自主地学习和培养团队演讲主题所需要的能力与知识，能够为班级社团的综合呈现贡献出自己的力量，从而发现自身所具备的唯一性和与其他同学同属于共同团队的归属感，并从中获得自信。

（2）以发展学生自我表达为主要能力的他人评价：以学生美术专题小演讲（语言表达、行为表达、示范作品展示等）作为引领方式，继而以学生美术作品展览（以美术专题小演讲宣传招贴画、学生示范作品为主要表达形式）作为展示手段，在社团实践活动过程中，由学生自己向学校领导、老师、同学、家长及亲人和朋友发出邀请，学校领导、老师、各年级各班的美术社团成员、家长及有兴趣的其他人员（亲人和朋友）分别就演讲语言、活动组织、PPT制作、团队合作效果等方面填写活动评价表（做出基于自身观点和看法的评价），并以具体量化的分数对各班自己的美术社团所组织的演讲活动进行评价反馈，使得各美术社团的所有成员能够得到对自己参与组织的活动的一个基于多方立场和观点的客观而充分的活动评价，有助于他们对今后演讲进行调整和完善。从而实现以班级美术社团带动全班同学共同参与社团活动，继而形成具有班集体特色的班级美术文化，最终形成以班级美术文化特点为基本主体的学校校园文化特色。

（3）以发展学生自我修复为主要能力的团队自评：以美术专题小讲座为主要载体的美术实践呈现形式，激发和引导学生自主学习的主动性，通过和其他美术团队及学生之间的活动效果对比（多方参与填写的社团活动评价表及自己的个性感受），所有社团会在每周的固定时间，一起讨论本次演讲的收获与体会、缺点与遗憾，这成为学生自我修复完善的过程。成为以自主修复为主要特征的组织、开展、总结、反思、提升的基本成长路径。

（4）以发展学生组织协调为主要能力的团队互评：在美术社团成员共同讨论并确定演讲主题后，通过共同构思、共同创意、共同创作、共同组织、共同展示、共同反思等团队活动，让学生之间的观念、能力、意识相互碰撞，逐步形成良好的共同发展并懂得相互协调的和谐状态。

（5）以发展社团实践活动的过程记录为主要能力的团队成长过程性评价：每个社团配发一部平板电脑，由专门的同学负责在社团活动时记录（照片、录像、文字感受、老师的过程性指导意见、社团在活动中的感受与困惑、优势与缺点等），及时上传到学校Moodle平台、学校学生美术社团QQ群及微信群中关于社团活动的相应讨论区，并可以和学校不同年级、不同班级的其他社团的同类记录做一个比较、借鉴与参考，成为社团之间评价和学习的参照数据，成为各班美术社团活动过程性评价的直观依据和记录。

（6）以发展学生自我评价反思为主要能力的学生个体自我评价：通过活动前、活动中及活动后的相互评价与对比，以及老师评价、家长评价，让学生对自己在活动中的表现进行的反思和调整总结，从而形成一个全面客观的自我评价。

# 学生美术社团实施方案

## 一、美术社团的定位、运作方式及目标

### 1. 美术社团的定位

红桂小学美术社团是由学校四至六年级各班部分学生组建的学生团队，美术社团的建立是基于学生对课堂美术教学的知识，能够在实际操作中运用与领会而设立的，我们主张"学以致用"而不是"学以待用"，只有在实践中合理使用学科知识，才能将书本的课堂知识内化为自身的能力。

美术社团是对美术课堂教学的有力补充和优化。一方面，美术课堂教学为学生社团活动提供了表达的手段与观念；另一方面，学生在社团活动中产生知识与技能的使用需要，这种对知识与技能的主动性要求可以推动美术课堂教学的有效性和实用性，从而使两者成为相互促进、互为补充的"利益共同体"，提升和加强了师生之间的关联性。

### 2. 美术社团的运作方式

美术社团在教师引导下，以学生美术技巧、绘画能力作为社团活动的中心内容，以团队小演讲作为主要的呈现方式，学生自由组织、规划、轮流演讲、彼此合作、相互评价、自主发展，以学生喜欢的中外美术家、美术作品、生活中喜闻乐见的美术形式、美术技巧、绘画能力为美术专业小演讲的中心内容，继而实现以美术学科为载体的学生全面能力的发展〔组织运作、团队合作、实操分工、互相学习（取长补短）、自主意识、科学态度、主动表达、自我认同〕。通过社团活动还可以推动学生的采编能力、信息处理能力、自助学习能

力、文字及口头表达能力、活动过程性记录能力、协调能力、团队合作与协调能力等综合能力的全面发展。

**3. 美术社团的目标**

区别于其他工作室的专业高度及其他学校的单一专业技巧训练的大面积覆盖现象,尝试构建以学生自我认识、自我感受、自我反思为主要目标,以学生自主学习为主体特征的美术校园文化。将学校美术课堂教学标准与学生具体的基于美术学科特征(美术欣赏、平面与立体造型能力、综合制作等)的实际操作结合起来,在社团活动实践中检验和展示美术课堂的双基能力,社团活动的实际能力来自美术课堂教学的学习效果,从而达到学生的实际操作与教师的课堂教学相互促进、共同提高的效果与目的。

形成红桂小学以班级、年级美术文化特色为基础的学校综合校园文化主体,初步形成学生自我认识、自主学习、自我表达、自我评价、自我反思的自主学习的学校校本课程,并尝试逐渐发展并积淀成为校园美术文化,使美术社团成为红桂小学独特的美术教育教学,带动学生综合能力得到发展的校园文化特色。

## 二、美术社团的具体活动安排

**1. 美术社团的建立与活动时间安排**

四、五、六年级每个班建立一个社团,目前全校共13个社团。

周二16:00—17:00——六(1)和四(4)、六(3)和四(3)社团活动

周三16:00—17:00——五(1)、五(3)A、五(3)B和五(4)社团活动

周四16:00—17:00——六(2)和四(2)、六(4)和四(1)、五(2)社团活动

**2. 社团学生导师制度**

建立学校美术社团的学生导师团队,以六年级美术社团为主体建立学校美术社团学生导师群体,带领刚刚组建美术社团的四年级学生,以团队互助、合作学习的方式,通过社团内部分工(绘画、PPT制作、演讲、演讲文稿撰写、活动组织协调、照片和视频录制上传等),进行"一对一"的对口引领,加快四年级团队的成长,提升自身对知识的内化、表达及传授,从而实现共同成

长、携手进步的可持续良性循环。学生导师由学校配发相应学生导师聘书及胸牌，树立作为学生导师的自信心与自豪感。

**3. 活动记录资料及时归档——照片、视频（学生、老师）**

学生美术社团配备平板电脑，在社团活动时，由相应的学生（媒体组成员）及时记录自己社团活动及作品创作的过程照片与视频，并及时上传，培养学生对资料进行保存和记录的良好习惯，为社团的总结、归纳与传播留下相关资料。工作室老师也应该及时记录作为工作室活动的相应图片和视频资料。

**4. 专题小演讲活动参与人员及评价表**

学生社团的每一次专题小演讲，都会邀请学校领导、学生家长、学科老师、学生社团成员等参与和评价（活动评价表），从各自不同的角度进行量化评价和总体评价，可以极大地促进和提高美术社团的完善与进步。

**5. 社团演讲效果的讨论**

对于每一次的专题小演讲，我们都会实时开展对本次演讲活动的讨论与修正，每一次的意见提出和每一次的细节修改，对于每个社团成员都提供了不可多得的成长体验，有效地增强了学生的综合素质。

**6. 社团组长负责（招募、分工、组织和主题设定）制度**

学生社团实行组长负责制，由组长全面安排和协调本组成员的分工和职能，学生社团实际上就是一个社会小团体，每一次的小冲突、每一回的大讨论、每一次失败、每一回成功，都极大地考验和提升了孩子们面对自己与团队的信心与勇气，对他们的成长有着课堂教学无法替代的优势和效果。

**7. 关于社团成员的加入与退出**

每一位社团成员的加入和退出，都由学生社团成员自己讨论和决定，考验着每一位成员对团队利益、团队分工和团队合作的重新理解与分析，有效增强了学生的集体荣誉感和团队意识。

**8. 社团的积分及计算**

（略）

**9. 期末社团及成员的评奖与奖励**

（略）

## 三、创新研究及成果推广

积极开展对美术社团创建工作的创新研究，研究成果以论文、专著、研讨会、报告会、公开教学、现场指导、特长生培养、技能训练开展、特色班教育、观摩考察等形式呈现。

## 四、工作室成员职责及主要分工

**1. 工作室主持人职责**

（1）工作室主持人必须制定《工作室工作方案》，确定年度工作目标。

（2）确定工作室教育教学专题研究项目及研究方式、达成的研究目标、预期成果及呈现方式，负责整个课题的分组实施和协调工作，并撰写相关报告。

（3）制定工作室成员培养考核方案，包括培养目标、培训课程、培训形式、研究专题培训考核等。每学年对工作室成员专业发展做出评价考核。

（4）完成学校安排的教育教学、教科研等培训任务。

**2. 工作室成员职责**

（1）工作室成员主要包括：杨锟老师、易金老师等。

（2）工作室成员制定三年个人成长发展目标，配合工作室主持人共同制定具体培养计划。

（3）在个人专业发展成长袋中增加在工作室中学习、成长的内容记录。

（4）尊重工作室主持人及工作室其他成员，服从工作室有关工作安排，及时完成工作室领衔人布置的各项研究任务，协助工作室主持人开展各项活动并提出合理化建议和方案，使工作室能高效运行，互助合作，共同提高。

（5）工作室成员必须协助学校培养年轻教师及特长型学生，提高教师的整体水平，指导学生参加各类竞赛。

## 五、工作室规章制度

**1. 会议制度**

（1）每学期召开一次工作室计划会议，讨论本学期工作室计划，确定工作室成员的阶段工作目标、工作室的教育科研课题及专题讲座内容。

（2）每学期召开一次工作室总结会议，安排本学期需展示的成果内容及形式，分享成功的经验，探讨存在的问题。

（3）根据工作室计划，每学期至少安排三次阶段性工作情况汇报会议，督促检查课题的实施情况，解决实施过程中的难点。

**2. 工作制度**

（1）工作室主持人与工作室每个成员签订《工作室成员工作协议书》，就完成工作室研究项目和个人专业成长方面制定周期发展目标，规定双方职责、权利及评价办法。

（2）工作室主持人为工作室成员制定具体进步计划，安排培训过程。

（3）工作室成员须参加工作室布置的带教培训工作，完成工作室的学习、研究任务，并有相应成果呈现，努力实现培养计划所确定的目标。

**3. 考核制度**

（1）工作室主持人由区相关工作室工作领导小组考核。

（2）工作室成员的考核由其主持人和领导小组负责，主要从思想品德、理论提高、管理能力、教育教学能力、研究能力、技能水平等方面考察是否达到培养目标。

**4. 档案管理制度**

（1）建立工作室档案制度，并由学校档案员兼管。

（2）工作室成员的计划、总结、听课、评课记录、公开课、展示课、教案等资料及时收集、存档，为个人成长和工作室发展提供依据。

**5. 经费使用制度**

工作室所有经费根据学校制度有关规定进行监督管理。

红桂小学胡云美术教学创研工作室

2015年9月

# 《思维导图的美术教学应用》讲座

我今天向大家汇报的题目叫"思维导图的美术教学应用"，这是我自己的定位。刚才龙岗区教师进修学校的梁宏鑫主任给大家讲了《思维导图的原理与方法》的讲座，这是非常深入的关于思维导图及相关的思维法则的一些描述，我觉得今天我来得非常的值，今天我把梁主任的报告全程录像，我想回家我们还得认真地学一下。跟梁宏鑫主任的学术高度和理论深度，以及思维导图及其应用的广度比，我所做的讲座充其量是一个工作汇报。之所以把它当作一个工作汇报，还有一个更重要的原因，就是我在讲述的过程中，可能会出现很多错误，也可能会出现一些关于思维导图的片面理解，我理解的工作汇报是允许出现错误的，而讲座是不能出现错误的，所以从这个角度来讲，我今天的所谓讲座其实就是一个工作汇报。

今天我将从三个方面来汇报我今天的思维导图的教学应用，首先向大家分享几个关键词，大约用20分钟的时间。然后讲一讲关于我个人运用思维导图的一些应用实践。最后，通过我自己在美术教学的一个具体案例，来说明我个人是怎样在美术学科的教育教学当中运用思维导图的。

首先，我们来看一看思维导图究竟是个什么东西。按照我个人的理解，我觉得思维导图是且只是一种思维工具，因为我们所能够运用在教学当中的可供选择的工具，应该说非常多，那么作为一种思维工具——思维导图，也仅仅只是众多工具中的一种。

其次，如果我们用一句话来概括我们所认识的思维导图，就像刚才梁宏鑫主任给大家讲的那样，我的理解：它是思维的一种视觉化呈现，即发散思维的一种非标准的视觉化呈现。

有人说思维导图还是"大脑使用说明书",这几个字是我一字不变地搬过来的,这是谁的观点呢?——思维导图的发明者英国的东尼博赞先生,他在20世纪60年代发明了思维导图,短时间内风靡全世界,被非常广泛地应用于各大行业之中,他对于他发明的思维导图就用了这7个字——"大脑使用说明书"来概括。通常我们买了任何家用电器之后,都会看电器的使用说明书,那么思维导图就是告诉大家:我们应该如何使用我们自己的大脑。对于大脑的使用潜力而言,其实我们远远没有开发到位,我们如果把思维导图的思维法则及它的一些原理,能够很好地掌握并运用的话,那么我们就掌握了我们自己大脑的使用说明书,我们将达到自己的一个人生"巅峰"。

我再具体地讲一讲思维导图。为什么讲思维导图是一个可视化的思维工具呢?我们来看一下。这是我在网上随便找的一张图片(图1),大家可以看到图片的中间是"成功企业家"这个核心名词,这张思维导图描述了作为"成功的企业家",应该具备的素质或者能力。

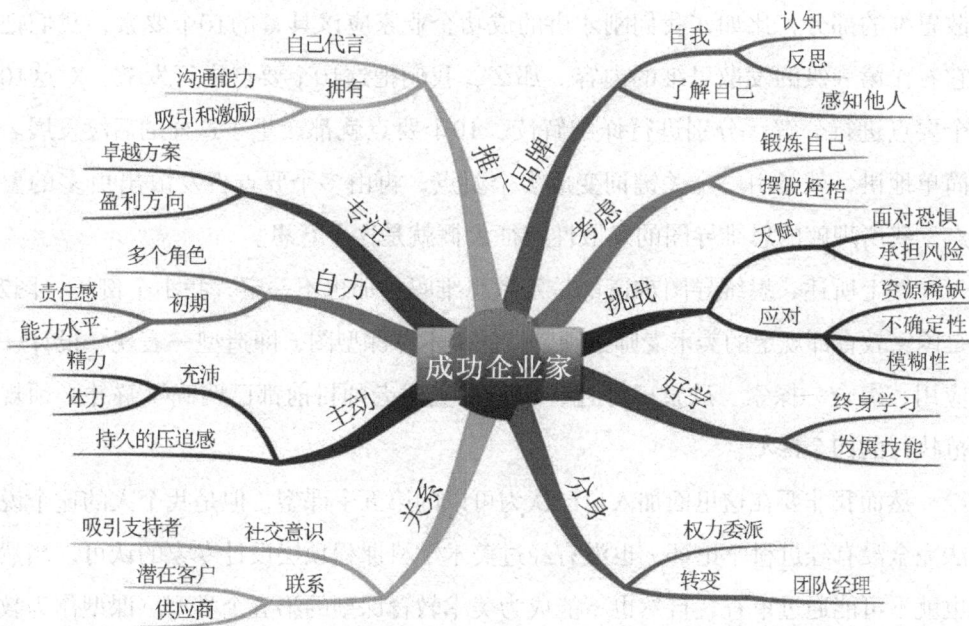

图1

那么我们怎样理解思维导图的发散性呢？比如，我觉得健康的身体也应该是成功企业家的一个必备素质，对吧？那是不是就意味着这张思维导图不严谨、不规范呢？当然不是，这恰恰说明了一个问题，即思维导图存在着思维的可发散性这样一种现象，它可能并不一定非常完整，我们其实可以在里面加上一些我们认为重要的东西，比如，图中并没有出现的"健康"，而这就是我们通常所说的利用思维导图来进行的思维碰撞。

举一个最简单的例子，我们要去罗马，有句俗话讲"条条道路通罗马"，假设我们从目前所在的深圳去罗马有一万条可供选择的道路，那么我能不能找到第一万零一条道路呢？我想，当我们的科技发展到足够先进的时候，可以实现找到新的去罗马的道路的梦想，比如，我从深圳挖一条地道直接通向地球那一边的罗马，想法虽然夸张，但从理论上讲是可以的。随着科技的发展，可能在未来可以实现。这就是思维导图的思维法则给我们提供的一种思维方式，就是说思维导图是可以添加我们个人认为的一些元素的，这是我个人的理解。同时，思维导图既然有一个部分叫作发散思维的部分，也就一定存在一个叫非发散思维的部分，比如，我们刚才讲的成功企业家应该具备的10个要素，我们把它看作第一级的发散思维的内容。那么，我们把这10个要点进行发散，对这10个要点进行分解，分别进行详细解读，10个要点就都产生了这样的后续发展。简单地讲，就是由一个关键词变成多个要点，再由多个要点去发散出更多的要点。我所理解的思维导图的发散性特征大概就是这个意思。

综上所述，思维导图难道都是发散思维吗？那也不一定，我举个例子，图2是国家教育部规定的美术老师必须坚持的美术课课型图，即造型—表现、设计—应用、综合—探索、欣赏—评述，也就是美术老师目前都已明确了解并必须规范执行的四个课型。

然而我非要在这里面加入自己认为可以的第五个课型，但是我个人的这个说法完全没有经过科学论证，也没有经过美术学科课程顶层设计专家的认可，当然也就不可能通过审查，自然也不能成为美术教育课型的第五个类型。课型作为教育部制定的标准，或者叫规定性和强制性的标准，是不可能被随意修改的。那么我们只能按照这四种课型去上课，在这种特定的情况之下，这种思维导图就变得没办法加入我个人的想象或者创意，显然这种思维跟刚才的发散性思维正好是两个不同的类别，因此我们可以理解为，思维导图分为发散性思维和非发散性思维两类。

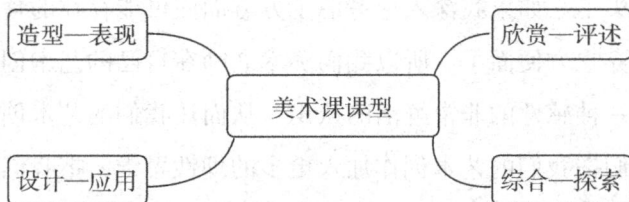

图2

图3是一张美国波音公司制造的波音747飞机的设计图。波音公司运用思维导图创造了非常好的企业经济效益，他们设计波音747飞机这样一个大型的项目通常要花费6年的时间，波音公司运用思维导图来进行设计思维发散碰撞，实际上完成这个新的机型设计，他们只用了6个月，大幅降低了成本，获取了非常可观的企业经营利润。这个现实的例子说明了一点，在实际工作当中，如果我们能将思维导图及其思维法则充分地应用，它带来的效益或者效果是非常明显的。

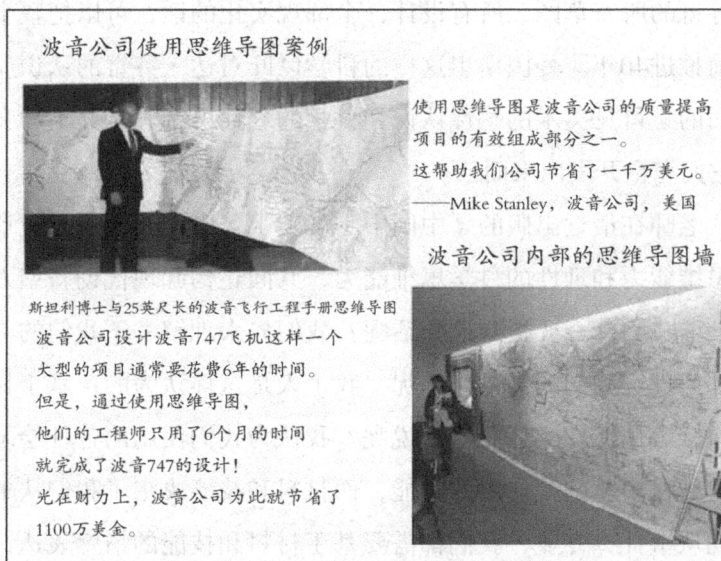

波音公司使用思维导图案例

使用思维导图是波音公司的质量提高项目的有效组成部分之一。
这帮助我们公司节省了一千万美元。
——Mike Stanley，波音公司，美国

波音公司内部的思维导图墙

斯坦利博士与25英尺长的波音飞行工程手册思维导图
波音公司设计波音747飞机这样一个
大型的项目通常要花费6年的时间。
但是，通过使用思维导图，
他们的工程师只用了6个月的时间
就完成了波音747的设计！
光在财力上，波音公司为此就节省了
1100万美金。

图3

　　那么接下来就带来一个问题，对于美术老师的艺术创作而言，通常更重要的是灵感，或者说我们的很多艺术实践都来自非常感性的认识，比如我今天想吃方便面，我就不会考虑是否环保、是否卫生、是否有营养、是否有利于消化等，直接就去买了。如果我深入地考虑了方方面面可能存在的食品安全问题，可能最后就放弃吃方便面了。所以我们美术老师在自己的艺术创作当中，更多的是对事物的一种感性的非常鲜活的认识，从而让我们的艺术创作更加直观和生动，如果我们把我们的艺术创作加入更多的理性思维，把我们的艺术实践理性化或者规律化，那么，是对艺术实践的催眠还是促进，是一个需要我们思考的问题。

　　实际上，我必须坦率地承认我的数学非常糟糕，所以在面对我儿子的各种奥数题的时候，非常的崩溃。对美术老师而言，是长期形成的是一些感性思维的习惯，面对充满理性思维及其思维导图及其思维法则的时候，我们可能还需要对思维导图重新树立一个正确的认识。

　　达·芬奇是我们非常仰慕的国际大师级艺术巨匠，他除了是艺术家之外，实际上还有很多称呼：发明家、医学家、音乐家、生物学家、地理学家、建筑工程师和军事工程师。著名的科学家爱因斯坦是这样评价达·芬奇的，如果我们把达·芬奇的所有草图、所有设计，全部现实化的话，可以把整个人类社会的发展向前推进40年。爱因斯坦这样的科学巨匠对达·芬奇的认识应该是比较深入和全面的。可见美术的感性认识和科学的理性思维其实并不冲突，我们只是没有把它们完全开发出来而已。

　　黄宏武老师在最近出版的《中国中小学美术》中发表的一篇文章中说，感性的创新思维能力和理性的科学思维能力，共同建构起现代创新型人才的素质要求和标准。我为什么要提到这句话呢？我们先来理解一下我们的美术作品。那么我们如何理解我们的美术作品呢？我个人是这样认为的：基于材料、技能与情感的综合表达体。为什么这么说呢？我认为我们使用的各种绘画材料决定了我们在这种材料基础上使用的技能，而材料和技能决定了我们从事的专业，但不管我们从事什么专业，我们都需要基于材料和技能的情感表达，在作品里面我们通常会表达自己的各种观点，而我们的观点是凌驾于材料和技能的，我们只是以材料和技能作为支撑，来表达情感。

上海的黎加厚教授的创感教育理论这么认为：在后信息时代，人的思维结构转化应该从感性的洞察力出发，基于感性的洞察力，对信息进行概念化、逻辑化的加工，这就是美术老师的思维方式。对于某个人或者某件事的认识，我们美术老师通常会通过一些表面元素深入事物的本质中去，其实是因为我们具备了非常强的洞察能力，如果能够再进行一些概念化和逻辑化的处理的话，可能在后信息时代，美术学科将成为一个对学生的思维有非常强的促进作用的学科。

下面我将正式讲一讲我对思维导图的一些应用。在讲之前我们先了解一下人脑的学习过程，它通常包括接受、保持、分析、输出和控制五个部分。我们该如何跟我们的美术教学匹配呢？我是这样认为的：美术老师在上课的时候给学生赋予了这一节课的知识点和技能，这是学生接受的一些外来知识。学生需要在头脑里面对这些知识和技能进行记忆并保持，这就需要学生在课堂上完成一些课堂作业和练习，当然这些输入并不只是为了使学生保持记忆，其实还想获得学生的美术作品，让学生把我们教的知识点和技能用他们的绘画方式输出，也就是学生作品。比如学生画的静物石膏，学生把所有的细节都表现得很清晰，作为一张整体的画，如果你把所有细节都表现得很清晰，那么显然失去了整体，就失去了我们初始讲到的那种虚实和透视的关系，而控制就是让学生学会在什么地方要加强作品的细节，什么地方模糊作品的细节，在自由使用技巧的时候，让学生明白如何去控制其表现的清晰度。

在刚才所讲的五个环节当中（接受、保持、分析、输出和控制），刚才恰恰没有讲中间的分析，而我认为分析是课堂教学整个过程当中最重要的一个环节。在整个教与学的过程当中，"分析"作为思维导图的应用，需要我们有意识地去加强。在心理学理论中有个叫格式塔现象，这是个什么现象呢？给大家讲个古老的故事：有一个穿着皮鞋的工人每天晚上下班很晚，回到他住的木楼，他们家在二楼，一共12级台阶，工人上楼的时候，每一步都踏得很响，进屋后再把鞋脱掉扔在地板上，"咣当"两声之后就睡觉。一楼的女士早就睡觉了，她每天都被这种声音吵醒，只有等到工人把第二只鞋扔到地上之后，女士才能安心地睡觉，这已经形成了习惯。有一天，这个工人和往常一样回到家里，刚刚把第一只皮鞋扔到地板上之后，突然良心发现，意识到自己可能打扰到了楼下的女士，于是就把第二只皮鞋轻轻地放在地板上，就睡觉了。第二天那个女士受不了了，上楼指责那个人说：昨天晚上你的第二只皮鞋为什么还不扔在地板上，害得我等了一个晚上。这个故事很好地解释了格式塔现象。人脑对于即将发生的事物有一个习惯性的预判补充。

在进行课堂教学环节设计的时候，完全可以利用人脑这种天生俱来的禀赋——也就是对于预判事物的一种自我的完美补充。我们需要吸引学生的注意力，可以这样设计，比如如果同学们下一个问题回答正确的话，老师就会拿出一份神秘的奖品，于是学生就会非常认真地听下一个问题。老师这样去设置悬念，非常主动地控制学生的注意力，那么学生在课堂上学习会更投入，学习效率会更高，教师对课堂的控制能力也会更高，游刃有余，这只是心理学概念运用到具体课堂教学的一个点。

第二部分是讲思维导图应用，首先我给大家推荐一个思维导图工具（思维导图软件MindMaster简体中文免费版），这个思维导图软件非常简单，关键在于用思维导图的思维导图的思维法则来实现对美术学科的应用。

2013年，红桂小学引进了Moodle平台。Moodle平台是由澳大利亚Martin Dougiamas博士开发的Moodle课程管理系统，Moodle平台以建构主义教育学为理论基础，依据社会建构主义的教学思想，即教育者（老师）和学习者（学生）都是平等的主体，在教学活动中，他们相互协作，并根据自己已有的经验共同建构知识。Moodle平台是一个免费的开放源代码的软件。尤其它里面自带了一个思维导图软件，可以非常方便地把翻转课堂的理论应用在这个软件里面，所以给我们学校所有学科的教学带来的变化几乎是革命性的。一开始我们有非常大的抵触情绪，尤其是作为美术老师，当时我觉得很麻烦，上美术课怎么这么麻烦，后来用起来的时候觉得非常方便，我的教和学生的学都是在应用思维导图。

在2015年广东省特色美术课堂教学研讨会上，我很荣幸地上了一节美术欣赏公开课，我就用Moodle平台，让学生全程在网上用iPad进行学习。广东省美术教研员周凤教授觉得这是一种新的教育教学方式。

我们是利用Wi-Fi进行教学的，我们当时已经把所有的状况都考虑进去了，认为这一堂课应该没有问题，结果出现了一个重大的情况：就是现场三四百名来自广东省各地的老师都把手机打开，连上了现场的 Wi-Fi，但等到我们准备上课的时候，才发现学生手里的设备连不上现场Wi-Fi，这可怎么办？ 当时这种状况已经把我逼到几乎没有任何办法的地步，后来我就把我用的iPad放在现场的一个实物投影仪上面，通过实物投影仪再把画面及视频传到大屏幕上，但这节课上得非常别扭，也让我觉得非常痛苦，所以后来我就想，虽然我们有很好的教学思路，但是你能确保每个地方都有Wi-Fi吗？你能确保每一所包括农村地区的学校都能有这样的软件吗？如果没有的话，我们就不能教学了吗？这次事故促使我深入地思考了这些问题。

2016年，深圳市教科院在罗湖区、盐田区进行教学结对研课的活动中，又安排我去上一节公开课。接到通知后，我就想能不能不用软件就把思维导图的这种思维方式应用到课程中呢？说干就干，我就又上了一节《神州大地之旅》的公开课。下面是我从PPT里面截下来的图片（图4），这是PPT当中的第五张思维导图。在整个教学过程中，思维导图总共出现了5次，这是最后一次，我当时是怎么想的？

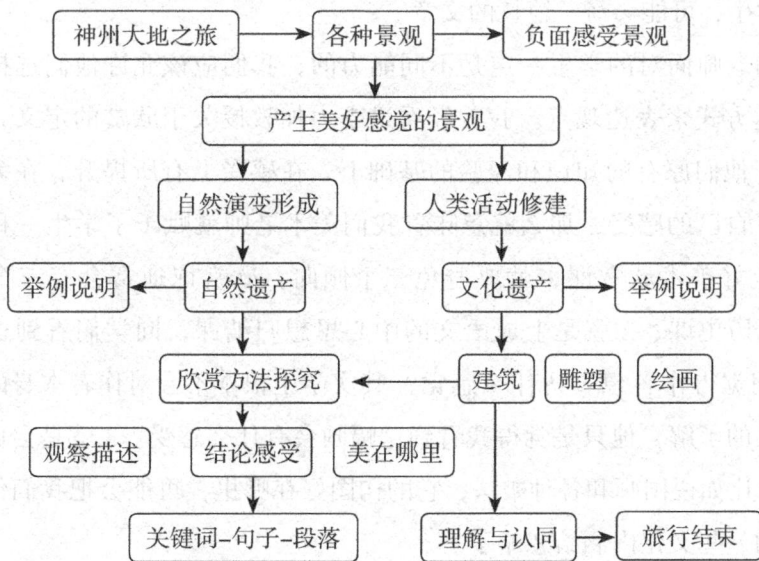

图4

第一，《神州大地之旅》这一课，我把它分为两部分，第一部分我们欣赏各种景观图片。我们将其分成两部分，一部分是令人产生负面感受的图片，另一部分是给人美好感受的图片。我告诉同学们，我们重点研究的是产生美好感受的情况。令人产生美好感受的景观分为两种，一种是自然形成的，一种是人工修建的，我们把它们分别叫作自然遗产和文化遗产。它们的特点一个是自然形成，一个是人类活动修建，学生记得非常清晰。然后我分别做出了一些说明，比如我们深圳的世界之窗就是文化遗产，属于人类后来修建的，而世界之窗的原地，比如各种瀑布，各种自然风光，我们把它们叫作自然遗产。我们可以把文化遗产分为四类：建筑、雕塑、绘画、工艺，到了这里不管是自然遗产还是文化遗产，我们都归结到一个地方，我们要去欣赏它们，这正是欣赏课所要求的。说到欣赏和评述，就需用语言来描述我们对某件东西的感受，即形象方法的探究。我们通过一些例子引出来一种方法之后，学生进行观察并描述感受。学生是存在各种能力的差异的，既然有差异，语言表达能力就有高低，可以只说一个关键词，比如说一个学生看见万里长城的感受就是雄伟，他的能力就到这里。有的学生，可能会说一句话，比如我看见了祖国劳动人民集体的智慧——雄伟的万里长城。而另一部分非常厉害的学霸级学生，可能会写一篇长的文章。

我们老师面对的学生一定是不同能力的，我们应该允许他们选择适合自己的表达方式来表达观点。我曾经看过李力加教授关于欣赏的定义，他说学生在基于他们原有的知识和经验的基础上，在感受上有所提升，在表述上表达清楚了自己的感受，那么就意味着我们美术老师就赋予了学生一种能力。而要想上好美术欣赏课，就要避免三个倾向，欣赏课通常会有三个偏向：1.会上成历史课；2.就是上成语文的中心思想归纳课，同学们看到这幅画以后，你们觉得作者想表达什么感觉？其实学生根本不会对作者本身的感受做非常深入的了解，他只是觉得我看到这幅画会有什么感受。3.就是会偏向绘画技巧课，比如说国画和各种皴法，它的构图好在哪里，可能会把我们传统文化中真正的一些文化内涵给忽略了。

经过这样的思考，我觉得学生把基于自身的感受能力和表达能力的描述表达出来之后，就具备了美术学科核心素养中的文化理解了。

因为美术欣赏课信息量非常大，我们如果对课堂上的知识点进行一些分类的话，学生会非常清晰地知道我们这一部分学了什么。我们上了六年的美术课，六年级毕业的学生能够学到多少，其实取决于在他头脑中能不能形成一个非常有效的分类，取决于他头脑中的知识树的建构方式是否合理和科学，而思维导图就是一种路径非常清晰的知识建构方式。

我们可以让学生养成这样一种习惯，不管他在我们学校还是别的学校，或者他从这个学校转到哪个学校，又或者他从中国转到国外，他如果掌握了这种思维方式，他所有零星的知识都会被他归类到自己头脑中的知识树。也许学生们并非都是朝着艺术家的方向前进，他可能只是喜欢美术，将来可能是个舞蹈家、建筑设计师，他未来的职业也可能跟艺术无关，但是我们仍然为他提供了这样一种知识的积累方式，这个意义无疑是非常重大的。

2016年，深圳市科协邀请了杨艳君教授来深圳讲学，她是何许人也？她就是北京市人大附中第二分校的校长，她还有一个身份是中国教育科学研究院基础教育研究中心"思维导图教与学"专家，全国各个省份都留下过她的足迹。当时中国邀请了思维导图的原创者英国的东尼博赞先生来中国进行了三次讲学，杨教授三次都在现场，然后得到了东尼博赞先生非常深入的指导交流，因此她可以说是我们中国对思维导图及思维导图的思维法则的理解与掌握非常权威的一位教授。

深圳科协有幸在2016年邀请杨教授到深圳来讲过一次学（图5）。作为在深圳的最后一站，杨教授即将到罗湖区罗芳小学讲学，我有幸提前得到了这个消息，经过努力争取，杨教授同意在她讲完课之后单独给我20分钟交流时间，我连夜做了一个PPT，我想对她做一个我们学校的思维导图应用的汇报。

第二天下午，终于等到了杨教授，她马上要去机场，而接她的车子已经在校园里等着了，然后我就一通讲述。当时我都不知道自己究竟讲了些什么，总之讲得比较激动，20分钟过去了，我还没有汇报完，我后悔自己为什么不能再讲快点，我以为此次汇报就此结束了。这时候杨教授缓缓地说："胡老师，你还可以再讲10分钟。"那一瞬间，我觉得她可能有点感兴趣了。最后杨教授说："你们学校对于思维导图的应用还是比较深入的，有机会希望能去你们学校看看。"她继续说，"你可以留下我的微信，我们可以通过微信继续交流。"虽然我明白，和先进地区比较，我们对思维导图的应用的确还存在很大的差距，但是至少让我感受到了思维导图的应用还是很有必要的一件事情。实际上作为美术老师，我个人觉得我们可能并不需要非常专业地去深入学习和了解思维导图，我只是觉得如果把它应用在教学当中，能够提高我的教学效率，这就够了。我不需要成为一个思维导图的应用大师，我希望成为一个利用思维导图的思维法则来尝试进行教学工作的美术老师。

图5

后来杨教授鼓励我把自己的思维导图应用过程以一个案例的形式写出来，我写了之后就成了这样一篇文章——《用思维导图叩开美术课堂深入学习之门》，后来在2017年6月份发表在《中国中小学美术》的"教育研究"栏目。其实我的文章才4000多字，按照正常的排版大概不到三个P，后来贾小川主编说不行，要把你思维导图应用的整个过程呈现出来，而他们的排版软件又不能兼容思维导图的软件，当时他们也是费了好大的功夫，硬是叫美编把6张思维导图重新画出来，把这篇文章拓展成6个P，这让我非常感动，也进一步认为思维导图应用于教学是个不错的探索方向。下面我就重点给大家分析一下我是怎样利用思维导图来上《源远流长的古代美术》这节课的。

首先，我用思维导图把所有我想到的内容先一股脑地放上去，比如说我的教学目标，当然我说的教学目标不是国家规定的情感、态度、价值观，因为那个是必须要达到的强制性目标，我这里所说的教育目标是指我由思维导图来达到我个人认为的一些目标，然后把所有想要说的话、想要包含的信息都搬上去。这一课叫《源远流长的古代美术》。古代美术无非就是美术这种表现形式的绘画、雕塑、建筑和工艺，然后再分别讲述一些绘画的历史、工艺的历史，大概内容就是这些。如果只是简单描述的话，我觉得这一节课就很容易了，那么我是不是可以换一个角度来呈现？但是依然要把这些知识点呈现出来，我应该怎么办呢？于是我就想先把所有内容全搬上来，这是第一步（图6）。经过几天的思考，我又搬出了第二张思维导图，我觉得我当然要以其中的一幅画作为重点来讲，我选中了郭熙的《早春图》，然后我又思考如何讲到油画，如何讲到雕塑。我想我说出了中国画的特征之后，作为对比我自然就可以提出油画来，让学生知道油画跟中国画有什么区别，这就把一些油画的元素放进来了，但同时油画又有很多其他的表现形式，除了绘画，还有建筑，还有工艺和雕塑。所以，第二张思维导图（图7），我就把《早春图》作为一个切口，切开之后慢慢地再深入，比如课前准备的材料，一些学习的分享，学生可以先学习再到课堂上进行分享，以及我们的审美意境观察方式，等等。

当时周凤甫教授让我上这节课的时候，我发现了一个问题，当时也觉得挺为难的，就是说我们中国画大家都说是散点透视，然而这种说法对吗？我查过资料就发现了一个问题，关于"透视学"这个建筑学上的概念，最早出现在1480年意大利的哥特式建筑上，《早春图》作为郭熙的"三远法"，它实际上是出现在北宋时期的1127年，在时间上早了意大利350年，那么我们怎么可以用后来出现的概念（透视学）对我们中国画进行解释呢？比如说叫散点透视，这个问题该怎么向学生讲述呢？后来周凤甫教授说，我们的中国画叫作构图之法、经营之法，不能叫作透斯，所以不能以透视的概念来解释。

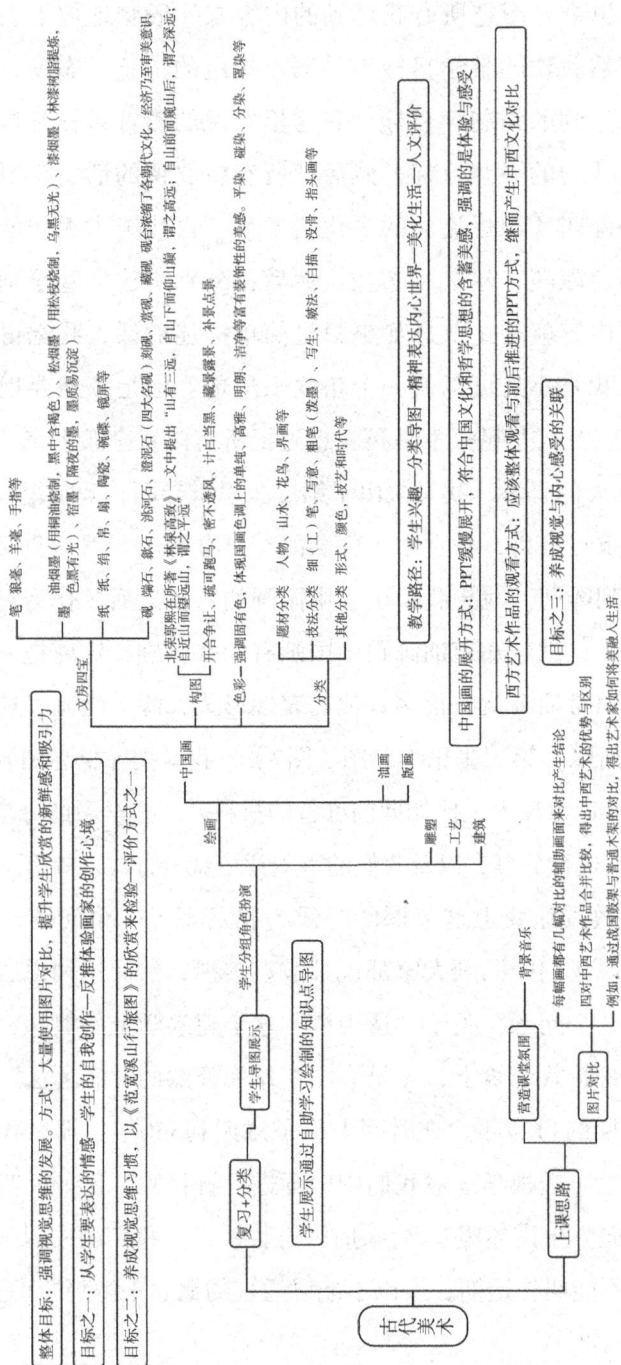

整体目标:强调视觉思维的发展。方式:大量使用图片做对比,提升学生欣赏的新鲜感和吸引力

目标之一:从学生要表达的情感——表现自我的创作——反推体验画家的创作心境

目标之二:养成视觉思维习惯,以《范宽溪山行旅图》的欣赏来检验——评价方式之一

古代美术

复习+分类
- 学生导图展示
- 学生展示通过自助学习绘制的知识点导图

上课思路
- 营造课堂氛围图 —— 背景音乐
- 图片对比 —— 每幅画都有几幅对比的辅助画面来对比产生结论
  四对中西艺术作品合并结论
  例如:通过观国数果与音通木架的对比,得出中西艺术的优势与区别
  通过对中西艺术作品合并比较,得出中西艺术的优势与区别——得出艺术家如何将美融入生活

绘画
- 中国画
- 油画
- 版画
- 雕塑
- 工艺
- 建筑

学生导图展示
- 学生分组角色扮演

文房四宝
- 笔 狼毫、羊毫、手指等
- 墨 油烟墨(用桐油烧烟,黑中含两色)、松烟墨(用松枝烧烟,乌黑无光)、漆烟墨(林烤树脂提炼,色黑有光)、宿墨(隔夜的墨、墨层易沉淀)
- 纸 绢、吊、绸、陶瓷、纳碟、镜屏等

中国画
- 构图 北宋郭熙在著《林泉高致》(四大名画)刘诸、澄泥石、油纸石,自中提出"山有三远:自近而望远山,谓之高远;自山前而窥山后,谓之深远;自近山而望远山,谓之平远"
- 色彩 开合争让、疏可跑马、密不透风、计白当黑
- 色彩 强调同有色、休观国画色调上的单纯、高雅、藏露露藏、明朗、清净安宁有装饰性的美感。平染、分染、罩染等
- 分类
  - 题材分类 人物、山水、花鸟、界画等
  - 技法分类 细(工)笔、写意、粗笔(泼墨)、写生、皴法、白描、没骨、指头画等
  - 其他分类 形式、颜色、技艺相代等

教学路径:学生兴趣—分类导图—精神表达内心世界—美化生活—人文评价
中国画的展开方式:PPT渐缓展开,符合中国文化和哲学思想的含蓄美感,强调的是体验与感受
西方艺术作品的观看方式:应该整体观看前后推进的PPT方式,继而产生后面文化对比

目标之三:养成视觉与内心感受的关联

图6

96

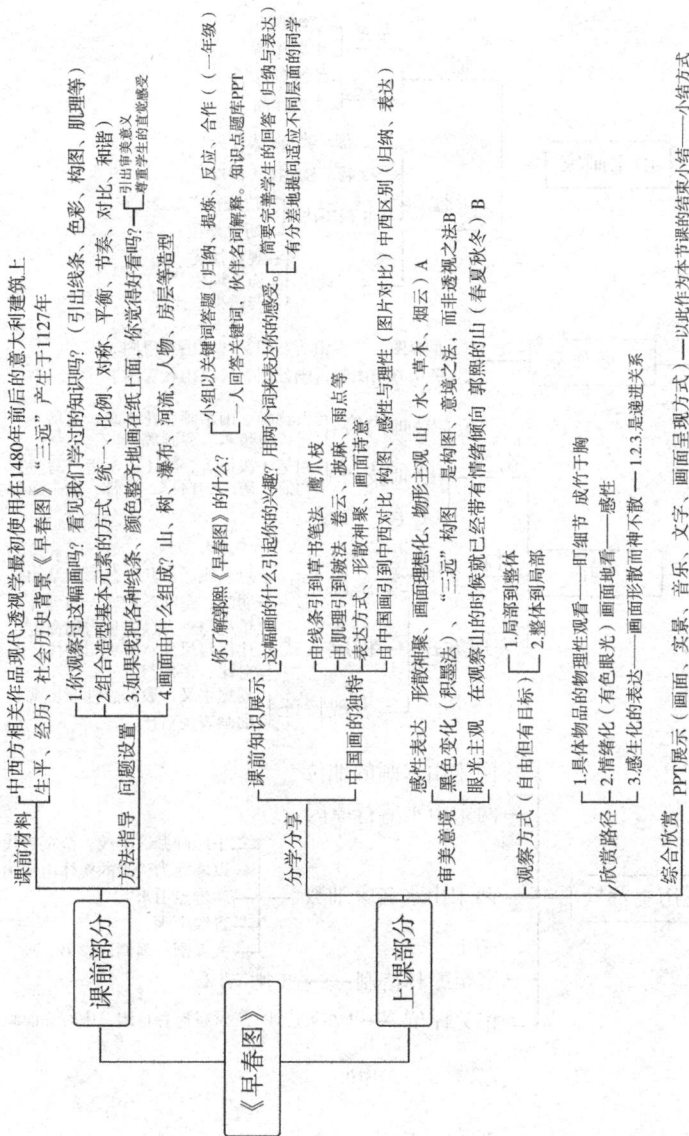

《早春图》
- 课前部分
  - 课前材料
    - 中西方相关作品现代透视学最初使用在1480年前后的意大利建筑上
    - 生平、经历、社会历史背景《早春图》"三远" 产生于1127年
  - 方法指导 问题设置
    - 1.你观察过这幅画吗？看见我们学过的知识吗？（引出线条、色彩、构图、肌理等）
    - 2.组合造型基本元素画画吗？（统一、比例、对称、平衡、节奏、对比、和谐）
    - 3.如果我们把各种线条、颜色整齐地画在纸上面，你觉得好看吗？—引出审美意义 尊重学生的直觉感受
    - 4.画面由什么组成？山、树、瀑布、河流、人物、房层等造型
- 上课部分
  - 分享分享
    - 课前知识展示
      - 小组以关键词答题（归纳、提炼、反应、合作）（一年级）
      - 一人回答关键词，伙伴名词解释。知识点题库PPT
      - 简要完善学生的回答（归纳与表达）
      - 有分差地提问适应不同层面的同学
    - 中国画的独特
      - 由线条引到书写笔法 鹰爪枝
      - 由肌理引到皴法 卷云、披麻、雨点等
      - 表达方式，形散神聚，画面诗意
      - 由中国画引到中西对比 构图、感性与理性（图片对比、烟云）A
  - 审美意境
    - 感性表达 形象神聚 画面画理化、物主观主观 山（水、草木、烟云）A
    - 黑色变化（积墨法）、"三远"构图、是构图、意境之法、而非透视之法B 中西区别 中西透视之法B
    - 眼光主观 在观察山的时候就已经带有情绪倾向 郁照不同层面的同学（春夏秋冬）B
  - 观察方式（自由性有目标）
    - 1.局部到整体
    - 2.整体到局部
  - 欣赏路径
    - 1.具体物品的物理性观看——叮细节 成竹于胸
    - 2.情绪化（有色眼光）画面地看——感性
    - 3.感生化的表达——画面形散而神木散——1.2.3.是递进关系
  - 综合欣赏
    - PPT展示（画面、音乐、文字、画面呈现方式——以此作为本节的结束小结——小结方式

图7

97

最后我就确定了以《早春图》为重点的思维导图（图8、图9）。

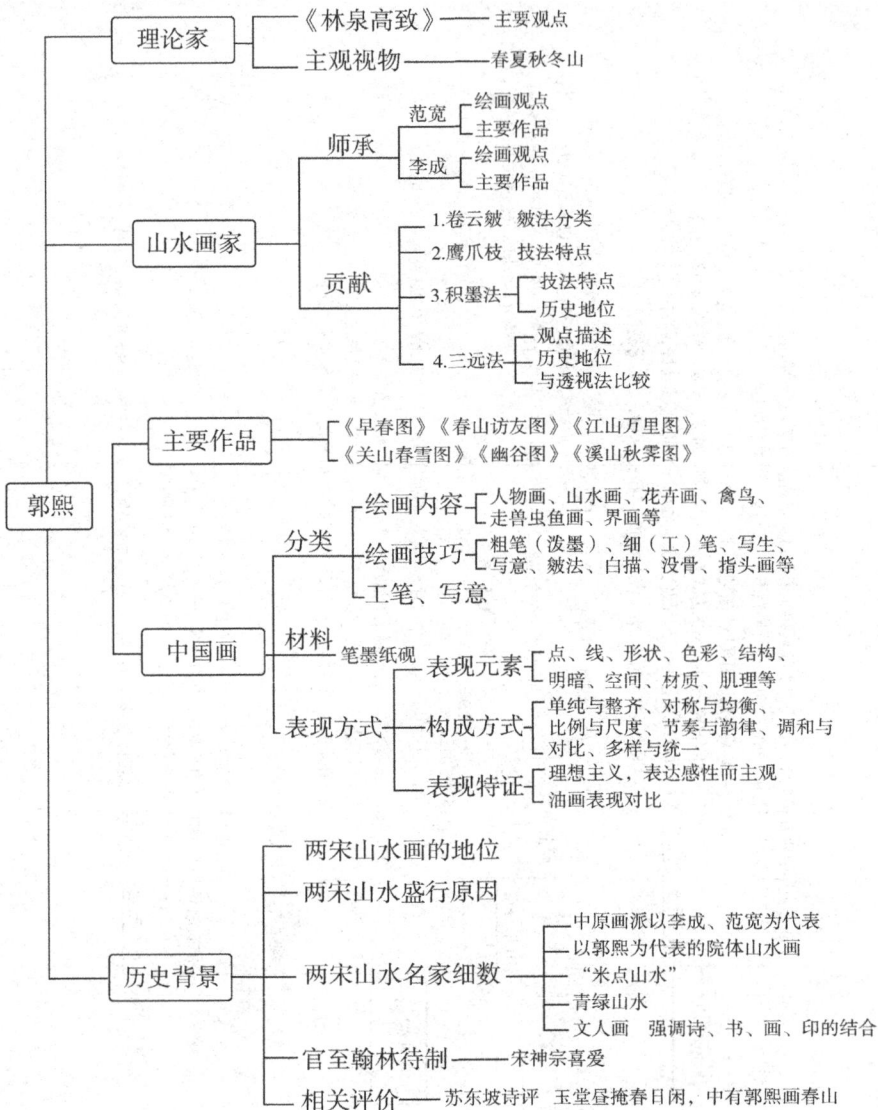

郭熙
- 理论家
  - 《林泉高致》—— 主要观点
  - 主观视物 —— 春夏秋冬山
- 山水画家
  - 师承
    - 范宽
      - 绘画观点
      - 主要作品
    - 李成
      - 绘画观点
      - 主要作品
  - 贡献
    - 1.卷云皴　皴法分类
    - 2.鹰爪枝　技法特点
    - 3.积墨法
      - 技法特点
      - 历史地位
    - 4.三远法
      - 观点描述
      - 历史地位
      - 与透视法比较
- 主要作品
  - 《早春图》《春山访友图》《江山万里图》
  - 《关山春雪图》《幽谷图》《溪山秋霁图》
- 中国画
  - 分类
    - 绘画内容 —— 人物画、山水画、花卉画、禽鸟、走兽虫鱼画、界画等
    - 绘画技巧 —— 粗笔（泼墨）、细（工）笔、写生、写意、皴法、白描、没骨、指头画等
    - 工笔、写意
  - 材料 —— 笔墨纸砚
  - 表现方式
    - 表现元素 —— 点、线、形状、色彩、结构、明暗、空间、材质、肌理等
    - 构成方式 —— 单纯与整齐、对称与均衡、比例与尺度、节奏与韵律、调和与对比、多样与统一
    - 表现特征
      - 理想主义，表达感性而主观
      - 油画表现对比
- 历史背景
  - 两宋山水画的地位
  - 两宋山水盛行原因
  - 两宋山水名家细数
    - 中原画派以李成、范宽为代表
    - 以郭熙为代表的院体山水画
    - "米点山水"
    - 青绿山水
    - 文人画　强调诗、书、画、印的结合
  - 官至翰林待制 —— 宋神宗喜爱
  - 相关评价 —— 苏东坡诗评　玉堂昼掩春日闲，中有郭熙画春山

图8

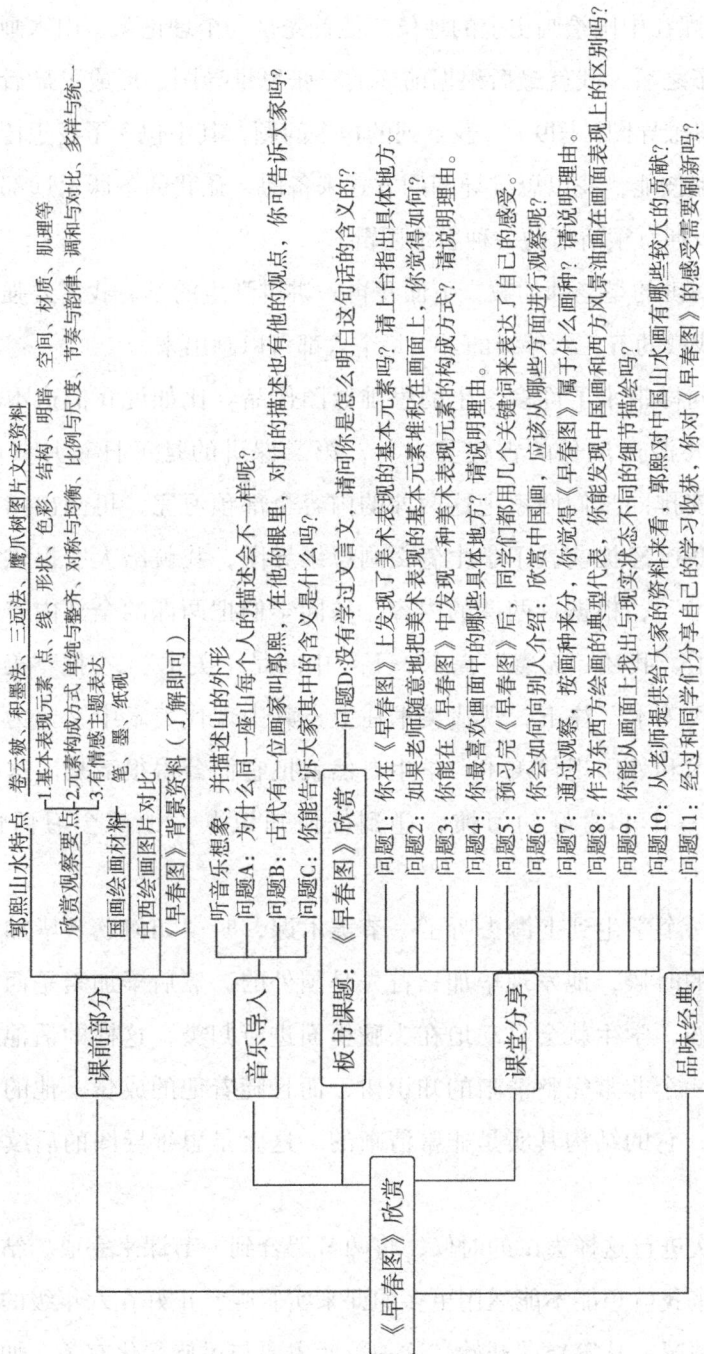

**课前部分**
郭熙山水特点
欣赏观察要点：1.基本表现元素 点、线、形状、色彩、结构、明暗、空间、材质、肌理等
2.元素构成方式 单纯与整齐、对称与均衡、比例与风度、节奏与韵律、调和与对比、多样与统一
3.有情感主题表达
国画绘画材料 笔、墨、纸砚
中西绘画图片对比
《早春图》背景资料（了解即可）

**音乐导入**
听音乐想象，并描述山的外形
问题A：为什么同一座山每个人的描述会不一样呢？
问题B：古代有一位画家叫郭熙，对山的描述也有他的眼里，在他的眼里，你能告诉大家吗？
问题C：你能告诉大家其中的含义是什么吗？

**板书课题：《早春图》**
问题D:没有学过文言文，请问你是怎么明白这句话的含义的？

**课堂分享**
问题1：你在《早春图》上发现了美术表现的基本元素吗？请上台指出具体地方。
问题2：如果老师随意地把美术表现的基本元素堆积在画面上，你觉得如何？请说明理由。
问题3：你能在《早春图》中发现一种美术表现元素的构成方式？请说明理由。
问题4：你最喜欢画面中的哪些具体地方？请说明理由。
问题5：预习完《早春图》后，同学们都用几个关键词来表达了自己的感受。
问题6：你会如何向别人介绍：欣赏中国画，应该从哪些方面进行观察？
问题7：通过观察，按画种来分，你觉得《早春图》属于什么画种？

**品味经典**
问题8：作为东西方绘画的典型代表，你能发现中国画和西方风景油画在细节表现上的区别吗？
问题9：从老师提供给大家的资料来看，郭熙对中国山水画有哪些较大的贡献？
问题10：经过利用和学习你们分享自己的学习收获，你对《早春图》的感受需要刷新吗？
问题11：

**《早春图》欣赏**

图9

　　提到《早春图》就必须提它的作者，因此我完成了第三张思维导图（图8）。关于郭熙在中国绘画史上的地位，他首先是一个理论家、山水画家，把这些资料找齐了之后，我就最后根据前面的三张思维导图，形成了最后的上课流程图，也是思维导图（图9）。我罗列的14个问题，其中包含了我想传递给学生的各种知识和技能，我以思维导图的方式来备课，让我的备课永远都不会偏离主题，也可以拥有很清晰的一种思维逻辑。

　　刚才我们讲的是老师的教，下面我再一讲讲学生的学。我需要强调的就是思维导图，我教的五、六年级的学生每个人都可以画出来。

　　我今天同样带来了许多学生的思维导图作品。比如说我们这本教材，第一课讲的是《源远流长的古代美术》，第二课讲的是《日新月异的现代美术》。我就安排同学们回家把这两课的内容全部预习完，再画出归纳的思维导图。因为我已经提前教了学生怎么画思维导图，我就给大家提供了一个关键词叫"美术"，根据这两课的内容，请同学们把两课的全部内容体现在一张思维导图上。我还"温馨"提示一下：中间是"美术"，把"美术"分成两支，"古代美术"往下，现代美术往上，其中现代美术中又分为两支——中国现代美术和外国现代美术，学生自然就把它们分得很清楚。这样的话他们便养成了一个非常好的习惯，碰到任何知识点，他都会习惯性地进行归类。

　　比如，一个学生到上海去听了一节美术课，叫"如何欣赏毕加索"。一听到毕加索的时候，他发现毕加索首先是国外的，然后毕加索是西班牙的艺术家，这时候，学生就会自动地在头脑里面进行归类，这样的话他在头脑里面便形成了一个非常完整清晰的知识树，而且随着他的成长，他的知识树会越来越丰富，它的结构其实是非常清晰的。这就是思维导图的后续作用，非常神奇。

　　我第一次进行这样尝试的时候，将两节课合到一节课来完成。结果实验效果不错。后来我就想能不能运用更多的课来实验呢？正好在六年级的上册出现了这样一个情况：从第15课开始，这一单元主要与民族文化有关，如《多姿多彩的民族服饰》《形形色色的民族乐器》《有声电影的鼻祖》和《走进传统戏曲人物》，于是我立刻就开始实验了。我对同学们说，下一次美术课，我们这四节课一起上，请大家回家好好预习，并设计出知识点的思维导图。我就给他们提了一个关键词叫"民族文化"，他们就自己进行归类，分别指向刚才讲的四个主题，然后他们再把所有的作品归到相应的类别。一旦完成了这张思维导图，他们对于大多数美术作品在整个中国美术史上的位置就都有了一个清晰的定位。

我还增加了一点新的要求：请选出4幅你感兴趣的美术作品，说说自己的感受，在上面写出一段话，写出自己的感受。然后他们通过百度查找相关资料，最后就形成了这样的思维导图作业，虽然有些男同学写得不够清晰，但是对于知识点在知识树上的结构，对于美术的各种知识的分类，他们真的是非常清晰，不管你教什么，至少他们都非常清晰地进行了分类（图10）。比如说《各式各样的民族服装》，同学们就会归到世界美术的中国，中国归到中国古代或者中国现代，学生永远在头脑中非常清晰地有一个树的结构。对于目前强调的普及性教育和基础性教育，如果不是把学生往艺术家的方向去驱赶的话，那么对于提升学生综合的美术素养，我觉得思维导图教学有着非常好的效果。作为小学美术教师，我可能教给学生的东西不多，但是我教给了他们这种方法之后，他们可以接受来自各方面的美术老师的教导，然后会获得基于自己知识树的各种结构，那么将来他所有的零碎的艺术经历，比如各种参观，各种国外的艺术行动，包括各种艺术实践，他都不会浪费，都会把这些积累的经验归纳到这种知识的结构体系里面去，如果真的可以实现这样一个预想的话，那么我个人觉得这是对我应用思维导图进行教学的最好的回报。

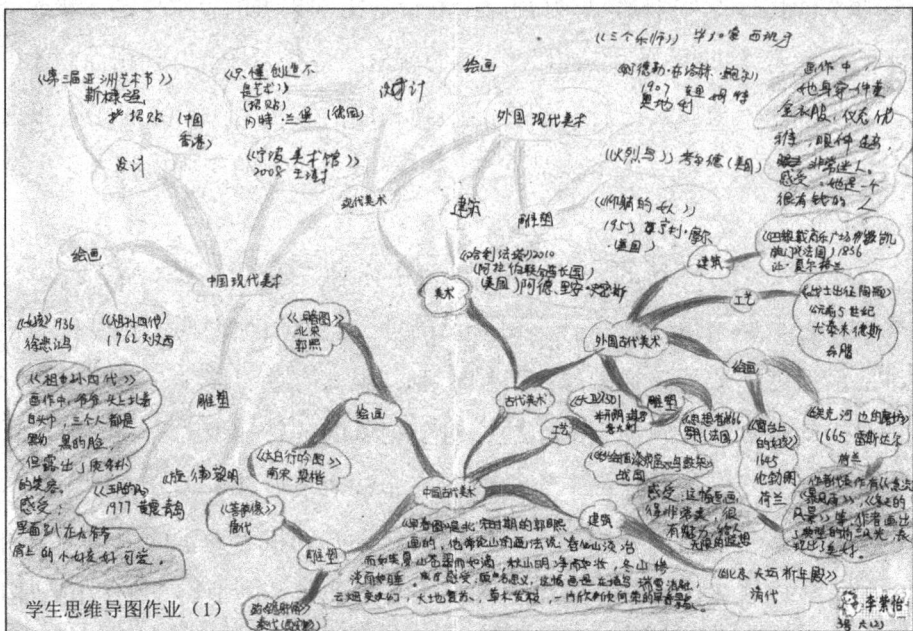

图10

这就是我作为一线美术老师对于思维导图应用的工作汇报。谢谢大家。

# 自主欣赏社团嘉年华活动的实施方案与评价

## 一、活动主题

"沐浴艺术光辉，展示多元素质"。

## 二、活动目的

通过举办学生自主审美社团嘉年华，进一步发挥学生自主审美社团在校园活动中的重要作用，丰富同学们的校园生活，提高同学们的创新思维能力，使同学们在艺术实践活动中掌握更多知识，提高综合能力，扩大我区美术学科自主审美社团在学生成长过程中的影响力。

## 三、活动名称

罗湖区美术学科学生自主审美社团嘉年华。

## 四、活动宗旨

本次活动以通过建构学科学生自主审美社团展示平台，"强化学生自主审美意识，建构多彩校园文化，构建和谐多元校园"为宗旨，展示罗湖区社团建设成果，营造和谐校园文化氛围。通过学生自主审美社团嘉年华，力图开拓创新，突出社团文化特色，展现罗湖区美术学科社团文化建设的良好风貌。

## 五、活动时间

拟定于2017年11月18日9：00—12：00，14：30—17：30。

## 六、举办单位

主办单位：罗湖区教育局、罗湖区教育科学院。

策划承办：罗湖区红桂小学。

协办单位：罗湖区各中小学。

## 七、活动对象

学校将邀请市区有关领导与老师和其他部分兄弟学校领导、学生家长代表及各媒体代表出席，观看表演。具体邀请嘉宾名单由学校办公室负责制定并联系嘉宾。

## 八、活动前期准备

1. 前期宣传（学校宣传窗口、横幅及学生家长）。

2. 主持人选拔，主持台词的确定及培训，嘉年华开闭幕式及5个串场表演（音乐学科）。

3. 活动准备（总务处）：

（1）活动道具：LED屏幕及相关设备、舞台背景、学科宣传易拉宝、桌椅、饮用水、帐篷（各学校备场及更换表演服装）。

（2）活动场地：学校舞台及操场。

## 九、自主审美社团准备内容（美术科组）

1. 展演节目：自主审美社团参赛节目PPT、翻页器、服装。

2. 杨锟负责红桂小学参演现场筹备工作的落实及校内人员安排，包括：微信群设立、矿泉水、展演标签、摄像、拍照、计时、新闻报道、评分表、易拉宝摆放等，负责落实展演场地、化妆换衣场所，协调各项展演组织服务工作；胡云负责活动的外联工作（协调各学校的指定美术老师安排和联络）。

## 十、各校入选嘉年华节目的彩排安排

1. 彩排时间为11月13—17日，12日全面布置会场，并检查相关演出设备，确保各学校彩排顺利。

2. 按照节目编排好的顺序进行彩排，并对节目表顺序进行修改。

## 十一、活动区域安排（总务处和美术科组）

1. 操场周边：各学校社团候场帐篷、学校艺术成果展示。

2. 活动舞台：依照抽签结果安排各社团节目顺序。

3. 学校艺术成果展示地点：学校篮球跑道的各候场帐篷前。

## 十二、文艺晚会具体流程安排

**1. 节目组及剧务组（总务处负责安排人员）**

（1）节目组（音乐组）：正式演出后台的会场秩序及安全，各部门协调工作。

（2）剧务组剧务安排：在正式彩排前一天确定节目单，根据演出人数、需要话筒数目及话筒架数量确定节目之间的剧务工作，以及确定正式演出时每个节目之间所需话筒数及话筒高度。

**2. 催台方面**

彩排时确定节目与节目之间的时间间隙，做好节目与节目之间的衔接，一个节目演出，后四个节目准备，演出前确定人员到位等（音乐组安排人员）。

（1）台上一个节目演出时，其后的两个节目在后台准备，前一个节目如由于各种原因无法按时出演时，下一个节目即时跟进。任一节目在演出过程中发生失误时，由节目的领演人迅速组织演员重演此节目。

（2）事先准备6个话筒（4个正常使用，2个备用）及4个话筒架，如演出时话筒出现意外，则迅速使用备用话筒（视具体情况而定）。

（3）比赛节目中间的串场节目准备（音乐科组）。

## 十三、现场秩序安保维护（由学校保安及家委会负责）

布置会场：包括嘉宾席节目单、饮用水摆放等，划分观看区域现场秩序维护及安排礼仪人员，安排一部分人负责社团签到（学校办公室负责）。

## 十四、剧务应急安全预案

1. 活动开始前一小时所有现场相关人员要进入会场，检查会场布置及存在的安全隐患。

2. 为了消防安全，若与会人员出现意外伤害，相关负责人应第一时间靠前指挥、组织疏导、抢救伤员，并视情况及情节向公安机关、教育局等有关部门报告，争取支援。

## 十五、晚会具体活动内容

活动流程（待定）：

1. 嘉宾及观众入场时播放背景音乐。

2. 节目表演。

3. 展演活动结束，请领导、老师及各学校社团主要人员及表演嘉宾等上台合影。

## 十六、参赛细则

1. 各参演学校自行设计制作本校社团的宣传海报（120×200cm易拉宝），突出本次演讲的主题，简洁美观、形式不限。于活动前一天将制作成易拉宝的海报及展演PPT送交红桂小学，PPT由胡云老师提前存入展演用电脑。

2. 参演学校安排专人、专车接送师生，领队到一楼大厅签到（微信扫码）后，领取展演活动指南，由大会安排的活动向导带领到指定的帐篷处，活动向导将提供全程协助和服务。

3. 8：30前，全体师生进入红桂小学，在一楼广场听候指挥（学校内不能停车），各参演社团的队员将顺序编号贴在左胸前。

4. 有参演任务的学校，除参演学生外，需组织10名学生观摩。无参演任务的学校，需组织10名学生，由美术老师和家长带领到现场观摩。教师和学生均需扫描指定二维码签到。

## 十七、注意事项

1. 各中小学自行选拔并上报一个参演社团，"美术欣赏类"或"应用美术欣赏类"不限。

展演应突出团队合作，可以是主旨演讲，也可以是校园剧表演。应展现本社团的"内容选择、资料整理与提炼、海报设计、PPT设计与制作、演讲、表演"等各个方面，时间限8分钟以内。

2. 经过预赛选拔出参演社团，领队需按时参加赛前会议，详细了解打分项目及评审要求，并抽签决定展演的先后顺序。赛前，组委会将安排一次彩排和布展。主会场为各参演学校准备展示帐篷一顶，用于展览各学校的艺术教学成果及特色，各参展学校赛前在帐篷区布展。相关细则由红桂小学胡云老师负责解释布展细节。

3. 建立嘉年华活动"专家、教师、家长评审微信群"和"活动微信群"，通过微信群完成评审工作及收集、发布活动图文信息。

4. 建立专人负责制，各学校领队为本学校的法定代表（佩戴领队牌），负责本学校社团展演的各项事务和组织工作；各学校的参演学生队伍及观众队伍由各校指派的活动向导（美术老师）负责引领，协调本校展演以外的各项事务。

5. 各领队负责向组委会微信团队提供本学校社团展演活动的相关现场影像、文字资料，在微信上发布照片，展演结束后提供相关视频（陈程老师负责活动照片及视频的收集整理）。

## 十八、活动向导职责

1. 活动向导由各学校指派的美术老师担任，展演活动开始前，需熟悉相关工作要求和细则。

2. 负责统计和上报本校参加活动人数（含学生家长）。承担为本校师生答疑、沟通和引领工作，协调并解决本校社团和师生提出的各项合理展演要求。

## 十九、评审事项

1. 评委：罗湖区各中小学选派3名大赛评委（教师、家长和学生各一名），组成相应的三个评审小组。教师和家长评委按规定下载评审App，实名注册后，在App上进行评分（投票权重占60%）。学生评委使用纸质评分表进行评分（投票权重占30%），评分结束后，将评审表交到微信团队。各评委必须严格遵守评分要求和规则。另设公众微信投票App平台，供社会各界人员投票（投票权重占10%）。

2. 计分核算：由组委会指定微信团队完成最后的统分工作，并将最后评选结果交组委会进行最后审核、确定及宣布。

3. 展演奖项：设特、一、二等奖，优秀组织奖，以及指导特、一、二等奖，颁发奖状。各奖项根据"教师、家长、学生观众、社会投票"四个部分的投票结果和评审组评议产生，评审结果纳入教育局本年度奖教奖学的依据项目。所有参演作品将在美术学科网上展播。

## 二十、解释权

罗湖区教育科学研究院负责本次美术自主欣赏社团嘉年华活动的总体解释。

深圳市红桂小学

2017年9月

## 附：《红桂小学学生美术自主欣赏赏社团专题小演讲评价表》

评价人姓名：_____ 评价人身份：（A.家长、B.教师、C.同学、D.自己）请勾选

| 社团名 | | 演讲专题 | | 演讲时间 | | 海报创意 | |
|---|---|---|---|---|---|---|---|
| 主讲 | | 助讲 | | PPT设计 | | 演讲撰稿 | |
| 评价项目 | | 评价内容 | | | | | |
| ①演讲规范（10分） | 要求 | 主题突出，内容正确，联系实际，态度认真，准备充分，出场大方，退场得体 | | | | | |
| | 分值 | A.非常突出（8~10）；B.还算突出（5~7）；C.不太突出（1~4） | | | | | |
| | 打分 | 定性评价描述家 | | | | | |
| ②特色鲜明（10分） | 要求 | 开头新颖，过程精彩，结尾完整，知识性和趣味性完美结合，互动良好 | | | | | |
| | 分值 | A.非常突出（8~10）；B.还算突出（5~7）；C.不太突出（1~4） | | | | | |
| | 打分 | 定性评价描述 | | | | | |
| ③PPT质量（30分） | 要求 | 画面简洁大方，信息技术使用合理，画面强弱取舍得当 | | | | | |
| | 分值 | A.非常突出（23~30）；B.还算突出（13~22）；C.不太突出（1~12） | | | | | |
| | 打分 | 定性评价描述 | | | | | |
| ④专题特征（10分） | 要求 | 准确性、新颖性明确，凸显美术学科本位的特征，示范作品精美，并能实际操作 | | | | | |
| | 分值 | A.非常突出（8~10）；B.还算突出（5~7）；C.不太突出（1~4） | | | | | |
| | 打分 | 定性评价描述 | | | | | |
| ⑤海报质量（30分） | 要求 | 创意（立意/构图/版式/用色)，文案（能否吸引人/能否传达目的/抓住观者心理） | | | | | |
| | 分值 | A.非常突出（23~30）；B.还算突出（13~22）；C.不太突出（1~12） | | | | | |
| | 打分 | 定性评价描述 | | | | | |
| ⑥整体印象（10分） | 要求 | 秩序良好，气氛活跃，临场应变，表情丰富，动作得体，服装优雅，脱稿演讲 | | | | | |
| | 分值 | A.非常突出（15~20）；B.还算突出（9~14）；C.不太突出（1~8） | | | | | |
| | 打分 | 定性评价描述 | | | | | |
| ★定量评价要求 | | ★（评价人应该以准确、客观、公正的标准来全面、科学地打分） | | | | | |
| ★定性评价要求 | | ★（对被评者做概括性描述和建议，以帮助被评学生改进与提高） | | | | | |
| 您对本次学生社团专题小演讲活动的评价与建议： | | | | | | | |

第三篇

# 成果总结

## ——美育课堂优秀案例掠影

# 粤港澳大湾区精品课堂教学展示之
# 《大鱼和小鱼》教学设计

## 一、课堂教学目标

### （一）教材分析

**1.《造型·表现》学习领域的目标**

（1）观察、认识与理解线条、形状、色彩、空间、明暗、肌理等基本造型元素，运用对称、均衡、重复、节奏、对比、变化、统一等形式原理进行造型活动，增进想象力和创新意识。

（2）通过对各种美术媒材、技巧和制作过程的探索与实验，发展艺术感知能力与造型表现能力。

（3）体验造型活动乐趣，敢于创新与表现，产生对美术学习的持久兴趣。

**2.《造型·表现》学习领域的具体要求**

学习领域不以单纯的知识、技能传授为目的，而要贴近学生不同年龄阶段的身心发展特征与美术学习的实际水平，鼓励学生积极参与造型表现活动。在教学过程中，应引导学生主动寻找与尝试不同的材料，探索各种造型表现方法；不仅关注学生美术学习的结果，还要重视学生在活动中参与和探究的过程。

**3.《造型·表现》对于低年段的具体要求：第一学段（1—2年级）**

（1）目标：尝试不同工具，用纸及容易找到的各种媒材，通过看看、画画、做做等方法，大胆、自由地表现所见所闻、所感所想，体验造型活动的乐趣。

（2）学习活动建议：以游戏等多种方式，体验不同工具和媒材的表现效果，展现造型表现活动，并借助语言表达自己的想法。尝试用线条、形状和色彩进行绘画表现活动，认识常用颜色。尝试用纸材、泥材等多种媒材及简便的工具，通过折、叠、揉、搓、压等方法，进行造型活动。尝试实物拓印，体验拓印活动的乐趣。

（3）评价要点：对造型表现活动感兴趣并积极参与。通过造型表现活动，大胆、自由地表达自己的观察、感受和想象，创作能反映自己学习水平的作品。辨别12种以上的颜色。

**4.《大鱼和小鱼》在整个课程标准和岭南版第二册中的地位和作用**

《大鱼和小鱼》属于小学阶段美术课程造型表现中关于点线面造型的基础课程，第二单元安排了《五彩的泡泡》《七彩虹》《快乐的小鸟》《昆虫王国》《大鱼和小鱼》《小动物和妈妈》6课。《大鱼和小鱼》被安排在一年级下册第二单元"点线色，你我他"中的第5课：其中前2课《五彩的泡泡》《七彩虹》属于色彩基础课程，后3课《快乐的小鸟》《昆虫王国》《大鱼和小鱼》属于点线面的不同表现形式的分类教学，第六课《小动物和妈妈》属于造型结合色彩的应用课程。其中《大鱼和小鱼》是巩固和拓展学生点线面组合和构成等表现形式的一节课，在整个第二单元中属于承上启下，衔接点线面与色彩之间的组合构成效果的关键一课。

**（二）学情分析**

**1.分析学生已有的认知水平和能力状况**

第一次接触正规的美术课，对一年级新入学的学生来说是新奇、有趣、好玩的，但是他们的美术表现能力有所不足。因此，对待这些刚进入课堂的小朋友，我们在情感态度上需要做出很大的努力，小学生在思维的想象力、创造力方面发展的空间很大，我们要把握好学生的心理发展特定阶段的相关特征，激发孩子们对美术学习的兴趣，让孩子们具备能发现美的眼光，有创造美的想法和有表现美的能力。

**2.分析学生存在的学习问题**

低年级的学生已经初步了解了美术的一些知识，掌握了初步的表现技能，也认识了一些简单的绘画材料，对不同的材料和工具的使用，已有一定的掌握，会用简单的线条和色块来大胆地、自由地表现他们所见所闻、所感所想的事物，但是动手能力比较差，持久性和耐心都不足，而且新生入学前所受的教育各不相同，心理发展的成熟度也不一样，在绘画上、工艺制作上必定有着自己的创造思维、想象能力和自己的个性。

**3.分析学生的学习需要和学习行为**

小学生良好学习行为习惯的内容，包括两方面：一是常规习惯，指绘画表现、精细制作、动手能力、集中精力、认真听讲、独立思考等习惯；二是创造性的学习习惯，包括诸如敢于质疑，善于质疑，注重实践，学会思考，掌握合作式、开放式、探究式等多种学习方式。作为刚入学的学生，养成良好的行为习惯显得尤为突出。因此，在美术课的教学过程中，归纳小学生良好学习行为习惯养成应遵循的原则，探索小学生基于美术课堂的良好学习行为习惯的培养途径，寻求具有较强操作性和广泛实用性的小学生良好学习行为习惯的培养方法就显得异常重要。

**（三）教学目标**

**1.确定知识目标**

（1）了解鱼的不同造型，掌握表现鱼的大小对比及构图的方法。

（2）培养学生自主分析鱼的外形和结构，学会运用点线去对物象进行装饰，最后能运用自己的创意去完成对鱼的结构理解和装饰。

**2.确定能力、方法培养目标及教学实施策略**

（1）从最简单且全体学生都可以完成的土豆画法开始，把有难度的课堂作业分为四步，逐步讲解，逐步完成，层层递进，相互关联地去完成，有效地降低每一次分步作业的难度，从而实现从知识和技能的认知到画面表现技巧能力的表达，既实现了知识和能力的培养目标，又进一步树立了学生学习美术的兴趣与信心。

（2）营造强烈的现场仪式感，利用多种评价手段，让处于不同表现能力、不同知识认知水平的学生，都能获得基于自身已有知识技能积累水平的成长。

**3. 确定引导学生情感、态度、价值观目标的教学选点及教学实施策略**

（1）知识与技能：①了解鱼的不同造型，掌握表现鱼的大小及构图的方法，其中教学选点主要通过对土豆、卡通人物的点的排列方式及由点的排列引申到线的不同排列；②培养学生自主分析鱼的外形和结构，学会运用点与线对物象进行装饰，最后能运用自己的创意完成对鱼的结构理解和装饰，教学选点重点侧重于学生自己在特定的情境之下，主动产生对土豆鱼的帮助，继而引导学生主动地去完成对土豆变成鱼的创意实施过程，从而实现在教学过程中对学生主体性角色的尊重和强化。

（2）过程与方法：通过对小组团队合作、个人深度探究，以及不同工具和材料的有效体验，提升学生的综合素质，具体的实施策略在于由各组自己按老师的设计要求，合作完成对全组成员美术作品的粘贴、摆放，以及团队合作、共同评价等素质和习惯的养成。

（3）情感、态度和价值观：通过课前视频、课中实践与合作（学习的态度和专注度）、课后评选环节，培养学生对中华民族传统美德的传承，以及对自己和他人进行理性评价的良好习惯。对于这一点，重点强化每个教学环节的实践拓展与对比，强化对国际的、国家的、民族艺术的对比和凸显，从而实现对我们中华民族传统艺术形式的继承与弘扬。

**（四）教学重难点**

**1. 确定本堂课的教学重点**

以大、小鱼的造型画面构成为中心，采用两种不同的绘画材料来丰富和感受其中的区别与联系，激发学生体验造型活动的兴趣。

**2. 确定本堂课的教学难点**

画面的大、小鱼如何合理布局，怎样创意装饰才符合我们的审美观，是本堂课的教学难点。解决办法：提供分步作业，从布局、点的装饰、点线的装饰及运用创意思维将土豆变成鱼，一步一步将整体难度降低为一个层层推进、逐渐提升的过程，从而实现化解难点、掌握重点的教学目标。

**（五）教学方式**

以贯穿始终的PPT图片及一连串问题的提出为主线，让学生以自己的观察和感受为基础，强调老师课堂的主导性与学生学习的主体性原则，从而有效地强化学生的主动性学习能力。

### （六）教学资源

（1）努力营造课堂的情境化氛围及提升师生之间互动的有效性。

（2）利用网络和信息化手段，掌握涉及本课主题的相关学科拓展性知识，为可能出现的学生提问和质疑做好铺垫和准备。

（3）为保证课堂教学的顺畅，充分完善与课堂教学有关的设备、课件和其他教学用具。

## 二、课堂教学过程

### （一）课堂导入活动方案

教学导入以达成"凝神、起兴、点题"三个目标作为课堂导入活动方案的设计原则。

课前预热：通过PPT听声音辨识歌曲的游戏，引出《虫儿飞》，并一起轻轻演唱。通过对歌词与画面中美术作品的联想，挖掘学生对自身记忆的回顾，为本节接下来的讲授打下记忆和情绪的基础。视频中引出学生对倒计时的关注和对用时规则的遵守，以加强学生对课堂绘画时间的把控能力。

### （二）课堂教学互动活动方案

课堂中的教与学互动，也就是师生之间的教学互动，这部分是整个课堂教学设计的主体内容、核心内容。根据课堂教学结构和活动设计原则并基于如下六点设计要求：

（1）突出学生的主体地位。

（2）从学生的问题出发营造教学情境，设计教学问题并引导学生探究问题、解决问题。

（3）设计出师生互动方式。

（4）争取准备两三种针对不同群体学生的教学活动安排。

（5）对教材内容做适当的处理，发掘出教材内容之间的内在逻辑联系和育人作用。

（6）课堂教学减少统一讲解，增加学生的自主探究学习，增加学生的分组活动。

**（三）教学过程——新授部分1（5分钟）**

引出图片并提问：老师画的这几幅画你觉得哪一幅哪种构图最合适？

（1）其他的构图为什么不好？

（2）如果是两个土豆呢？……

（3）第一次分类作业（2分钟）：齐读作业要求，明确作业的目标。

环节设计目标说明：以大小和位置、一个和几个等直观问题的提问，在本环节培养学生观察不同画面，形成对图形和构图的图像识读、审美判断及学生表达自己观点的表述能力。

**（四）教学过程——新授部分2（10分钟）**

通过一幅猫的图片，引出问题：

（1）点是什么样子？

（2）如何布置点才会好看？

（3）引出猪猪侠、黑猫警长和喜羊羊三个学生感兴趣的动画人物；并提问：这三张人物画的点与点的排列有什么不同？

（4）和同学们一起对比、归纳出三种点的排列方式的异同，为下一步教学做准备。

（5）点除了圆形和斑点狗形状，还可以画成什么形状？并感受运用不同的点来对土豆进行装饰的不同效果。

（6）第二次分类作业（5分钟）：齐读作业要求，明确作业的目标。

（7）展示绘画作业的示范视频，明确各自的作业要求。

（8）实践拓展（关于点的实践拓展实例）。

环节设计目标说明：通过观察（视觉识读）各种各样的点的大小、距离和形状，让一年级的学生比较形象地去理解难以理解的疏密、大小、形状和节奏关系。在观察过程中，通过点的变化和种类，使学生初步形成审美判断，以及对语言表达能力的锻炼。作业后的实践拓展，让学生感受到艺术作品各种不同的美与感受，理解美术对我们生活的影响，从而更好地拓展学生的美学视野。

**（五）教学过程——新授部分3（10分钟）**

（1）根据对点的不同排列的归类，引出线的不同排列，并感受运用不同的线来对土豆进行装饰的不同效果。

（2）线还可以是什么样子？

（3）小结到目前为止，我们学习过的点与线的装饰方法。

（4）课堂检测游戏，并对点线装饰的方法进行归类。

（5）第三次分类作业（5分钟）：齐读作业要求，明确作业的目标。

（6）展示绘画作业的示范视频，明确各自的作业要求。

（7）实践拓展（关于点和线的实践拓展实例）。

环节设计目标说明：通过对线的粗细、长短、疏密和样式的观察，以及对点与线不同的组合方式的观察，初步形成学生自己的审美判断能力和感受，形成对点与线互相组合形成的美的认识及美术表现能力。

**（六）教学过程——新授部分4（8分钟）**

（1）以故事情境和简单动画的形式，引出大小对比的关系。

（2）引出本课课题《大鱼和小鱼》。

（3）以故事情境带动学生，找到帮助土豆变成鱼的方法。

（4）学习和了解鱼的外形结构（鱼头、鱼尾、鱼身和鱼鳍）。

（5）第四次分类作业（5分钟）：齐读作业要求，明确作业的要求。

（6）展示绘画作业的示范视频，明确各自的作业要求。

（7）各组按老师要求，完成各自的作业并将小组同学的作品粘贴在展示板上。

环节设计目标说明：从富有故事情境的画面入手，通过对鱼的大小、结构、方向及造型特点的比较，培养学生的想象力，让他们能够展现极富个性、独具一格的造型能力和美术表现能力，最后以小组合作、分工协调的团队精神来呈现集体的绘画效果，从而培养学生的团队合作意识。

**（七）教学过程——展示过程（6分钟）**

（1）用庄严的开场音乐开启课堂美术表现的序幕，并引出三种评价奖项：

①绘画表现奖；②创意实践奖；③团队协作奖。

（2）描述评价标准，并顺便进行本节课知识点的小结与复习归纳。

（3）各组由组长牵头和组员讨论并评选，摆放评价磁铁，完成评选项目。

（4）老师最后进行课堂小结和提问：发现自己有进步的同学请举手。

（5）以高年级的轻质黏土手工作品"多彩的鱼"作为奖杯，奖励给一年级的同学，意在激励同学们对美术学科知识的学习兴趣，加强小组的团队合作意识，从小树立比较现实的发展目标，为今后的美术学习打下良好的基础。

**（八）课堂总结活动方案**

**1. 教材知识内容和知识结构的系统的思维导图式总结方案（图1）**

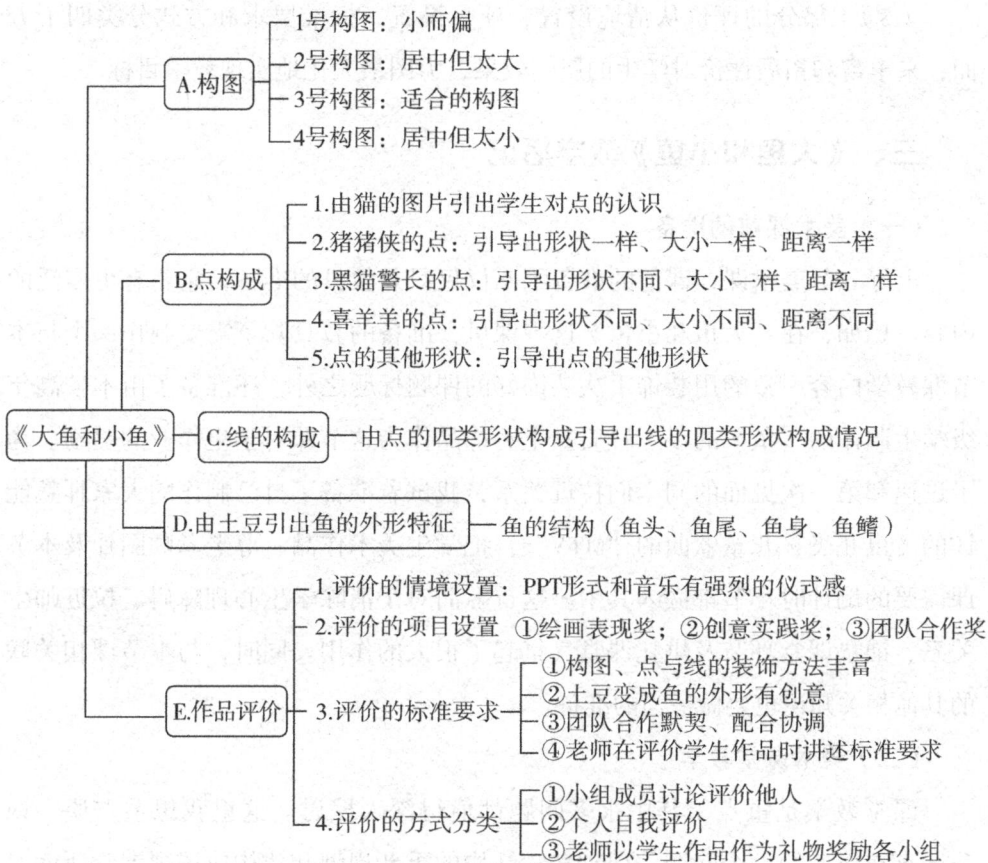

图1

**2. 体现出发散、扩展、升华学生思维，以思维导图为基础的系统总结方案**

（1）A部分以分类构图的方式概括出构图的种类，从而使学生掌握从个别到一般的构图规律。

（2）B部分以点带面，由个别的点的形状引导出点的各种形状，以及它们相互的大小、距离的异同。

（3）C部分线的结论的导出，完全可以像B部分一样以类比的方式导出。

（4）A、B、C三部分的递进关系，以由易到难、由简单到复杂层层推进的逻辑关联方式展开，并以此为基础，来实现D部分（完成以后的完整作业）的顺利实现。

（5）E部分的评价从情境设置、项目设置、标准要求和方式分类四个方面，来丰富和拓展评价对学生的影响效果，力图最大化地实现教学目标。

## 三、《大鱼和小鱼》教学后记

### （一）美术课前的准备

上好一节美术课，课前的准备绝不仅仅只是教具的准备，它要有更广泛的内容。比如，在《大鱼和小鱼》这一课里，准备的教具除了需要制作一个与本节课教学内容一致的用装饰手法装饰好的课题标题之外，还准备了由本校高年级学生制作的《鱼》的手工轻质黏土装饰品作为这节课对学生作业的奖励。为了迅速和第一次见面的同学们拉近关系，我试着准备了自己制作的大家耳熟能详的《虫儿飞》儿童歌曲的 "MTV"，把学生美术作品、尊老孝顺图片及本节课需要的倒计时环节都嵌入其中。这首歌曲对于消除学生心理障碍、拉近师生关系、铺垫课堂环节及烘托课堂气氛起了很大的作用。同时，与本节课相关联的其他相关知识也要做适当的准备。

### （二）美术课堂教学

课堂教学是重点，其中很多问题都值得深入探讨。这里我想重点谈一谈我一直在思考的一个问题：课堂教学结构的重新规划和建构应该视课堂所面对的不同的学生群体而有所变化。而老师应该充分抓住教师课堂教学的主导性原则，尽可能地激发和张扬学生学习的主体性特点，这是一个永恒的主题。

　　在本节课的教学过程中，老师利用一些个性化的教学手段，通过美术教学活动唤醒学生对生活的感受，引导他们用最基础的艺术表现形式去表现他们内心的情感，陶冶情操，提高审美能力，形成了独特的教学风格。在教学中，不断设计悬念，设计包袱，以激发学生的好奇心，加强学生的感受力，使学生对相关的知识、技能的把握有更深刻的印象，最后达到获取相应的知识技能的要求，从当场展示出来的全部学生作品的实际效果就可以看出来。

　　面对低年级学生一次有效关注时间比较短这一特点，如何提升学生有效关注的学习效率，如何抓住学生的学习兴趣，我做了很多的尝试。上课时，利用导入语（常用编故事、猜谜语、做游戏、竞赛性活动）、直观教具和直观演示等形式，吸引学生的注意力，激发学生高涨的情绪和作画的强烈欲望，并使学生从中受到美的熏陶。

　　同时，低年级学生的绘画表现能力较低，很难一次完成课堂作业，那么，将课堂教学环节设计及课堂作业的难度进行逐渐分层递进，根据学生的心理发展规律进行教学目标和课堂作业的难度分解，是个不错的尝试，从学生的作业效果也可以得到证实。分层、分次作业后的实践应用拓展也是本节课的一个亮点，强调学生的国际视野，以及对中华民族优秀传统文化的继承与弘扬；基于对课堂教学示范的要求和学生实际接受能力的思考，图像识读是学生获得知识的一个好的途径，本节课尽量多地使用图形和图片；培养学生具有一定的观察能力、思维能力、构图能力。本课采用了分段展开、彼此关联的三段微课视频，目的就是以非常直观的视觉效果来提升学生的学习效率和对课堂作业的实际表现能力。

　　对美术学科本体的知识与技能的关注和落实是本节课的特点，美术课作为一个学科存在，它的知识技能是个核心的东西，而情境化的教学氛围设计及相应的教学语言的合理使用也很好地引导了同学们的学习习惯和方法的形成。而对课堂生成性特征的把握和处理能力，也促进了本课学生对知识与技能的有效获得。

　　课堂评价不仅仅是对学生作业的评价，而应该广泛涉及与学生课堂学习相关联的诸多方面。本节课展示出了所有学生的美术作品，关注了全部学生的课堂学习状况，背景音乐的广泛使用，将高年级学生的手工作品作为课堂学习的奖励，也为美术课堂增添了不少气氛，营造了有浓厚仪式感的课堂评价环节，有个体评价、团队评价，有他评，还有自评。

**（三）教学目标的达成**

本人认为：根据对全部学生课堂作业的展示与评价，通过对学生自我评价所展示出来的自信的语言描述可以看出，本节课设置的知识与技能、过程与方法及情感态度价值观的教学目标得到了很好的实现。

**（四）听课反馈**

根据课后相关点评专家的点评，以及自己对部分听课老师课后的评价和建议记录的观看，发现本节课在学生课堂作业的构图环节，忽略了对两个土豆最后变成鱼的构图的相互呼应。同时，在对各教学环节教学时间的把控上还有欠缺，教学中的教学语言也存在一定程度的重复和啰唆情况，导致最后出现了拖堂和延误的现象。这对于我的课堂环节设计提出了一个值得注意的问题，这也是我今后必须加强学习和改进的地方。

**（五）教学心得体会**

对于国家美术课程标准的了解与把握，是上好一堂美术课的重要前提和基础，学习和掌握一定的教育教学理论是提升教学水平的动力来源；对于学生情况的充分熟悉是上好美术课的关键，而在教学中情境化氛围的营造也是上好美术课不可缺少的条件。在教学当中，教师要不断设计悬念，设计包袱，以激发学生的好奇心，加强学生的感受力，使学生对相关的知识、技能的把握有更深刻的印象，最后达到获取相应的知识技能的要求。

作为一名美术教师，深深知道教给学生的美术知识与技能并不是要把他们培养成未来的艺术家，而是陶冶情操，培养学生的美术综合素质。因此，我们要多接近孩子，了解他们的内心世界，了解他们的思想认识水平，并做到尊重每个人的思维方式和表现特点；要了解学生水平，尊重他们的表达方式，才能拉近师生之间的距离，为美术学习打下坚实的基础。

在进行课堂美术教学时，教师应注重创设形式多样的情境，一段悠扬的音乐，一个动人的故事，一个熟悉的人物动态，都可以融入美术课堂，可以提高学生的学习热情和持续学习美术的兴趣。教师要善于营造良好的课堂教学氛围，在情境中教学，会让学生在情绪上受到感染，自然地融入角色中，并能够积极思维，从而唤起学习的兴趣和创造的欲望。

　　总之，作为一名美术教师，要充分了解学生，努力创设各种情境，利用现代化教学手段激发学生的学习兴趣，使学生的各种能力、各种认识在教育教学的过程中被强化，获得能力发展，从而使美术课成为学生喜欢创造、主动创造和实现创造的乐园，也让学生从中体验到学习的乐趣，体验到成功的喜悦，真正体现美术教育的育人目标。

# 分段落实教学目标，逐级分解作业难度的教学策略

## ——以《大鱼和小鱼》为例

为适应国家重新修订的课程标准，实现教与学的关系转变，2015年，在广东省美术教研员周凤甫教授、深圳市美术教研员黄宏武老师的倡导下，经过罗湖区教科院美术教研员陈勇老师的具体指导，成立了广东省中小学美术课堂教学创研试验基地和罗湖区胡云美术课堂教学创研工作室，实验基地和工作室以深圳市红桂小学胡云老师为核心，致力于中小学美术课堂教学结构与方法的创新性探索。

（图一）在省、市、区美术教研员和学校领导的支持下，胡云美术教学创研工作室正式成立。（摄影：杨锟）

图1

(图二)胡云老师在首届粤港澳大湾区教育现代化高峰论坛精品课程教学展示活动的课堂中。(摄影:杨毅)

图2

　　胡云美术课堂教学创研工作室在改变现有课堂教学模式方面进行了专题研究,主要从以下几个方面进行:①基于强调感官体验的多种教学手段融合:根据一年级学生所处年龄段的身心发展特征和个体实际水平积累状况,运用多种教学手段(语言、微课、图片、音乐、鼓励、情境设置等),教学课件采用了大量图片,同时将音乐恰到好处地融入教学环节中,让学生以视听觉感受的方式获取知识与技能,强调视听觉感受的体验,最后学生作业的评价环节,以隆重的开场音乐拉开课堂美术评价的序幕,场面庄重肃穆,极富仪式感,让学生瞬间感觉进入了一个神圣时刻。②基于教学目标达成的课堂教学结构创新:我们常常看到老师在完成了"新授"环节之后,在学生进入作业环节的那段时间里,教师的"巡视"对于学生的作业状况并没有起到实质性的"辅导作用":一方面,学生一旦进入自己的作业创作状态,就难以听清老师新的作业要求;另一方面,由于以往的"教师新授"和"学生作业"环节被完全分离,而且知识技能的传递、讲解,以及课堂作业的要求缺乏必要的梯度设置,从而可能导致学习能力和课堂专注力相对低下的部分学生无法完整地接受和理解新授的知识与技能,老师"新授"的知识技能和作业要求容易使这部分学生游离于作业之外,他们的作业只好变成重复和再现其原有经验和知识的过程,作业难以呈现基于本节课新授知识和技能的学习效果和成长水平。这种现象在刚刚进入小学的低年级学生中表现得尤其明显。面对这样的情况，我们的做法是把"新授"与"作业"环节融为一体，对本课的总体教学目标进行分解和重组，将"新授"及"作业"过程分为四节，基于具体的学生情况，以分段落实整体教学目标、逐级分解作业难度的教学思路来重新设计课堂教学环节，逐步确立了分段落实教学目标、逐级分解作业难度的教学思路。实践证明：新授知识与技能的教学效率和学生的作业效果都达到了比较理想的效果。③基于多元评价并存的生活实践应用拓展：基于深圳市罗湖区MO学生综合素养评价体系的创建（发表于《中国中小学美术》2016年第2期）。

下面，就以我执教的小学一年级《大鱼和小鱼》（造型·表现）教学过程为例，来分享和展示我们在课堂教学模式探索方面的些许收获，以期得到大家的批评与斧正。

**（一）教学过程——新授部分1（5分钟）**

引出图片并提问：在老师画的这几幅画当中，哪一幅你觉得构图最合适？

（1）其他构图为什么不好？两个土豆又怎么……

（2）第一次分步作业（2分钟）：明确作业要求。

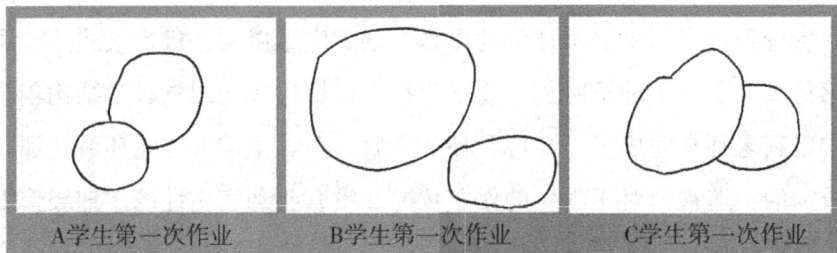

| A学生第一次作业 | B学生第一次作业 | C学生第一次作业 |

图3

环节设计目标说明：以大小和位置、一个和几个等直观问题提问，在本环节引导学生观察不同画面，形成对图形和构图的图像识读、审美判断，提高学生的表达和描述能力。

**（二）教学过程——新授部分2（10分钟）**

（1）点是什么样子？如何布置点才会好看？

（2）引出猪猪侠、黑猫警长和喜羊羊三个动画人物：这三张人物画的点及点的排列有什么不同？

（3）和同学们一起对比、归纳出三种点的排列方式的异同，为下一步教学做准备。

（4）除了圆形和斑点狗形状，点还可以画成别的形状，并感受运用不同的点装饰的不同效果。

（5）第二次分步作业（5分钟）：展示示范视频，明确作业要求。

（6）实践拓展（关于点的实践拓展实例）。

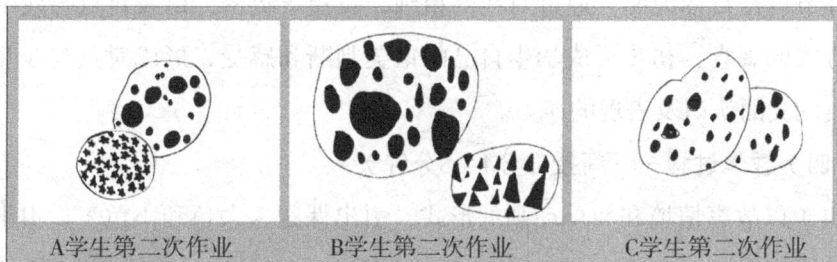

| A学生第二次作业 | B学生第二次作业 | C学生第二次作业 |

图4

环节设计目标说明：通过观察（视觉识读）各种各样的点的大小、距离和形状，让一年级的学生比较形象地去理解难以理解的疏密、大小、形状和节奏关系。在观察过程中，通过点的变化和种类，使学生初步形成审美判断，以及对语言表达能力的锻炼。作业后的实践拓展，让学生感受到艺术作品的各种不同的美与感受，理解美术对我们生活的影响，从而更好地拓展学生的美学视野。

**（三）教学过程——新授部分3（10分钟）**

（1）根据对点的不同排列归类，引出并感受运用不同的线来对土豆进行装饰的不同排列效果。

（2）线还可以是什么样子？小结到目前为止，我们学习过的点与线的装饰方法。

（3）课堂检测游戏，并对点线装饰的方法进行归类。

（4）第三次分步作业（5分钟）：展示示范视频，明确作业要求。

（5）实践拓展（关于点与线的实践拓展实例）。

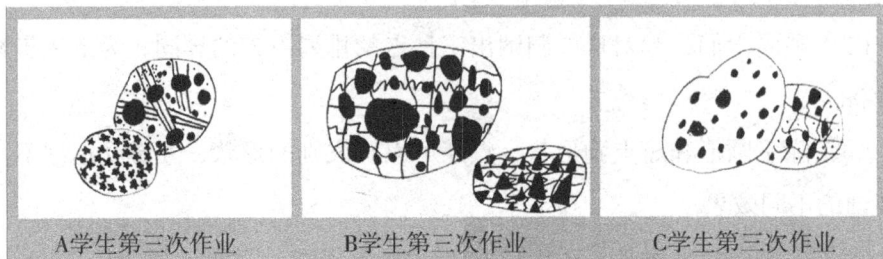

图5

环节设计目标说明：通过对线的粗细、长短、疏密，以及对点与线不同的组合方式的观察，初步形成学生自己的审美判断和感受，形成对点与线互相组合形成的美的认识及表现的能力。

**（四）教学过程——新授部分4（8分钟）**

（1）以故事情境和简单动画的形式，引出课题《大鱼和小鱼》，引出鱼的大小对比关系。

（2）以故事情境带动学生，找到土豆变成鱼的方法，并了解鱼的外形结构（头、尾、身、鳍）。

（3）第四次分步作业（5分钟）：展示示范视频，明确作业要求。

（4）各组按老师要求，完成各自的作业并将小组同学的作品粘贴在展示板上。

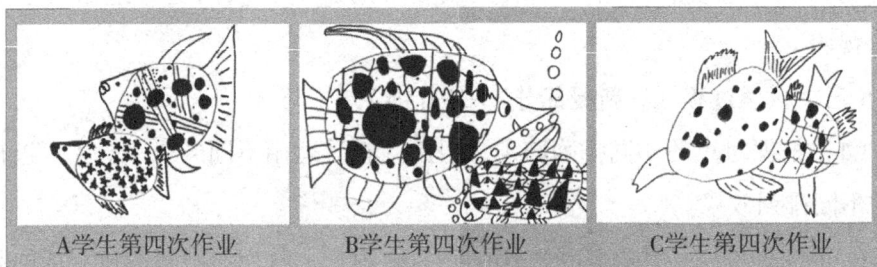

图6

环节设计目标说明：从富有故事情境的画面入手，通过对鱼的大小、结构、方向及造型特点的比较，去培养学生的想象力，让他们能够展现极富个性、独具一格的外形添加、造型能力和美术表现能力，最后以小组合作、分工协调的团队精神来呈现绘画效果，从而培养学生的团队合作意识。

（五）教学过程——展示过程（6分钟）

（1）以庄严的开场音乐开启课堂美术表现作业评选的序幕，并引出三种评价奖项：①绘画表现奖；②创意实践奖；③团队协作奖。

图7

（2）描述评价标准，并进行本课知识点小结与复习归纳。

（3）各组员讨论并评选，摆放评价磁铁，完成评选项目。

（4）老师课堂小结和提问：发现自己有进步的同学请举手。

（5）以高年级的手工作品"多彩的鱼"作为奖励，意在激励同学们的学习兴趣，加强小组的团队合作意识，树立现实的发展目标，为今后的美术学习打下良好的基础。

图8

将"分段落实教学目标，逐级分解作业难度"的教学策略贯穿于教学之中，不断设计悬念和包袱，以激发学生的好奇心，加强学生的感受力和专注力。学生用老师传授的美术语言和符号去作画，他们的思维和想象不仅没有被束缚，而且由于教师在授课中运用了多种教学手段，不但营造了学生自由表达的氛围，也搭建了凸显学生个性与创造力的平台，使学生对相关的知识技能有更深刻的印象，最后达到获取相应知识技能的目的，让学生享受到成功的喜悦。"点"与"线"的组合，"疏"与"密"的变化，掌握了这些语言，在基本形的基础上进行创意，土豆可以变成鱼，也可以变成其他，这就是我们一直在追求的"授之以渔"。

近年来，深圳市罗湖区胡云美术教学创研工作室在"教师新授"与"学生作业"融为一体的创新探索和教学实践中取得了一定的成效，并先后在广东省美术特色教学研讨会、韶关地区美术骨干教师培训班、深圳市美术学科区际结对活动、深圳市美术课堂教学展示周，以及云南腾冲、广东梅州等地支教和公开课中进行实际检验和交流，广获好评。基于具体学情，从美术课堂的教学结构入手来研究教与学的实施效率，不但能提升教师的教学能力和教学研究能力，更为美术老师由技能型教师成长为研究型教师提供了可能。

# 名派名师优秀课例之《神州大地之旅》教案

## 一、教学目标

### 1. 知识与技能

① 能对神州大地著名文化和自然遗产进行深入的探究并描述审美感受。

② 比较中国画与景观的异同，能用传统绘画形式临摹一幅中国画。

### 2. 过程与方法

采取先自然遗产再文化遗产的思路，通过自主探究与交流互动的方法，欣赏神州的文化遗产和自然遗产，结合比较的方式，理解与认同中国文化遗产的独特魅力。

## 二、教学重点

欣赏神州大地的著名文化遗产和自然遗产。

## 三、教学难点

从自然景观到文化遗产，如何做到以点带面处理教材内容繁多的问题。

## 四、教学过程

### （一）课前部分

（1）课前预热（PPT展示课题）并提问学生：你的观察有多牛？（学生抢答）你的特别发现是什么？（图像识别）

**（二）导入课题**

讲授部分（自然遗产、欣赏方法探究）：这两组图片给你带来什么样的感受？

A. 考验来了，仔细观察，这两个不同版本的瀑布形成方式上有区别吗？（自然景观—自然形成、文化景观—人类修建）

B. 把课本中的景观，按形成方式进行分类，你知道如何分吗？（学生抢答）（图片展示，学生齐答）

C. 欣赏方法：观察与描述、结论或感受（审美判断）、分析（美在哪些细节）（以新疆天山为例），让学生实践掌握运用的方法（审美判断、创新）。

**（三）文化遗产分类**

你能把文化遗产归类吗？（图片展示，分类摆放引出建筑、雕塑与绘画）

**（四）文化遗产欣赏（文化认同与理解）**

展示图片：看到图片后（故意少放一张图片）你有什么感觉？说出自己认为的关键词。

第一组：雕塑《十三陵》《秦始皇兵马俑》组图——（精致、浩大、辛苦）

第二组：《黄山云》——（灵动、写意）；《敦煌莫高窟壁画》（艺术创想）

第三组：《故宫》群组图——（庄严、肃穆、大气、威严）

你能看出角度有什么不同吗？（平视、仰视、俯视及效果）

外观布局、由外及里、精彩细节。（引导学生感受文化遗产的内涵逐渐丰富的过程）

欣赏故宫建筑时，请同学们用心感受并说出自己认为的一个关键词。

最后结论：中华民族的文化遗产博大精深、源远流长。

不管是自然遗产还是文化遗产，都反映出中华民族的文化遗产博大精深、源远流长的特征，我们充分感受到了它们的美。让同学们逐步理解并认同我们优秀的文化遗产，继承和弘扬中华民族优秀历史文化传统是我们每一个人的责任。

**（五）旅行结束，思维导图小结**

引入旅游绘本。（展示"手绘游记"）

**（六）欣赏拓展**

今天，同学们表现得非常优秀，老师也留下了深刻的印象。中华民族的文化遗产的确博大精深、源远流长，可是组成世界的优秀民族还有很多，许多其他国家的文化遗产同样是精彩绝伦、无与伦比的，绝不仅仅只是我们今天课堂讨论的这些，还涉及诸多其他领域的相关知识，由于是人类的活动留下的，因而带有显著的地域文化特征。我相信，随着同学们的逐渐成长，未来还有许多的相关研究等着大家去探索和了解，期待大家继续努力哦。

**（七）欣赏延伸**

让我们带着一双善于发现美、欣赏美的眼睛，随着音乐静静地观赏中国著名的自然遗产和文化遗产吧。

# 《神州大地之旅》美术欣赏教学反思

**1. 观点摘要**

美术欣赏课　观察感受体验表达　教学反思

**2. 教材版本**

广东岭南版美术教材（六年级下册第五单元第11课）欣赏评述课

**3. 背景介绍（个人观点）**

我曾经在课堂上把美术欣赏课的相关知识点以"一言堂"的方式强行"粗暴"地灌输给学生，根本没有关注学生的个人感受，导致学生在课堂上没有被尊重，学习的积极性越来越低，学生的学习兴趣也随之降低。实际上，这样的课堂教学效率是极低的，老师只是在形式上完成了每课的教学任务，而学生的学习所得几乎为零。同时，由于老师过分强调对学科知识的灌输，过于注重对美术作品的历史年代、主要意义和画面技法等方面的关注，一不小心，将美术欣赏课上成了历史课、中心思想归纳课及强调画面效果的技法课，这种明显没有基于学生自身经验积累，不重视学生自己的兴趣点，不关注学生自身感受的教学方式，无疑也是非常低效和粗暴的。教师讲，学生听，学生往往成了教师表演的观众，教师未能真正与学生进行有效的互动，而是学生跟着教师亦步亦趋。很明显，这样的美术课堂是令人沮丧和遗憾的。那么我们应该如何改善美术欣赏课堂出现的种种不尽如人意的状况呢？

进入后印刷时代，传统的文本识读方式已无法满足人们获取大量信息的需要。适当的视觉识读图像的方式日益成为人们表征意义和传递信息的重要手段。实际上，人的大脑每天通过五种感官接受外部信息的比例分别为：味觉

1%，触觉1.5%，嗅觉3.5%，听觉11%，视觉83%。在中小学美术欣赏课堂，学生对美术作品的视觉观察能力是绝对不可忽视的重要素质。

基于以上的背景状况和分析，我在《神州大地之旅》美术欣赏课教学活动中，尝试进行了一些教学方法上的改变，从实际效果来看，在一定程度上改善了前面师生在教与学的过程中出现的尴尬状况。

我是这样做的：

（1）给自己定位：情商高的老师，具有教学魅力，非常理性，有丰富的知识。

教学内容丰富，让学生感受到形式多样的教学风格，以适应小学高年级学生的思维发展实际状况，提升学生的学习兴趣为目标。

（2）课前热身设计。以考验和锻炼学生的观察能力为主，以幽默风趣的方式开场，迅速拉近与学生的距离，并为本节课以观察作为主要的学习方式做一个良好的铺垫。改变美术教师从单一的语言"传递"方式，变为师生共同与美术作品（教学课题）"交谈"（对话）的互动状态，让学生为本节课的学习做好心理准备。

（3）课中鼓励学生的手段多样，注重赏识教育。欣赏课上，学生在表达时感到为难，教师要给予鼓励，因为尊重学生个性的、自主的并且基于自身经验的表达才是走向提升学生欣赏能力的开始。

（4）和学生一起探讨欣赏方法的具体操作（观察描述——结论感受——美的细节），使学生进行模拟有可操作性。以师生共同探究学习的方式，让学生的思维由观察状态进入欣赏阶段，从对自然文化遗产欣赏到文化遗产欣赏，从对自然文化遗产的单一感受到对文化遗产的多重感受，让学生能体会到中华民族文化遗产的博大精深和源远流长。在课堂教学结构设计上注意让学生整体的学习状态从欣赏文化遗产的外在形式美，发展到心理内化的对中华民族传统文化的理解与认同，使得整堂课在结构设计上始终处于一个步步为营和层层递进的主线，到最后使学生对本课程有一个明显的认识和理解上的升华。

（5）思维导图式的小结。课程结构设计完整，重难点解决得很好，课程推进循序渐进，教学环节环环相扣，思维导图层层深入，一共四次出现，这样可以清晰明朗地呈现思路，以增强整个小学美术学科知识的系统性和逻辑性重构，帮助学生进行学科知识的持续性积累和系统化梳理。

（6）运用学生易懂的语言。根据学生存在的表达描述能力上的差异，给学生设计并提供了表达方式上的选择（关键词——句子——段落），这样可以面对全体学生。关键词表达很适用，教学环节故意设计了课本中图片的遗漏，鼓励学生学会质疑，学会思考，给予学生表达自己独立思考的机会。

（7）整个PPT采用了大量的图片，学生直接观察，以视觉识读的方式，让学生用眼睛多看，摄取老师提供的大量信息；用嘴巴说话的多说，真实而充分地表达基于自身理解的个性观点；用耳朵多听，感受来自同学和老师的不同于自己的观点，从而抓住我们的感官对于外来信息的多方位感受。

（8）旅游绘本方法介绍和中外宫殿建筑的简单引入，让学生认识到本节课的课后拓展和思考方向，产生对了解和实践旅游感受的表达方法，以及对建筑类型的宫殿建筑进行更加深入的研究和探索的兴趣和动力。最后的中国自然、文化遗产的再次欣赏，使学生在对欣赏方法的掌握和对传统文化的理解和认同的基础上，对中华民族的传统文化有了更深入的感受，提升了他们对中华民族文化的自豪感和自信心。

（9）引入环节值得商榷。如果和课程内容相关联的话会更好，缺点是缺少视频资料的展示，以及音乐元素的运用是否可以更合理呢？

# 美育改革创新优秀案例之
# 《构建"知行合一"的学生美术自主欣赏社团》

## 一、美术学科教育的现实状况

一方面，社会经济的快速发展和功利主义思想的强势存在，导致学校和家长的目光过分集中在小升初、初升高、高考及出国留学等功利性目标上面，这种以结果作为导向的学校教育会忽视学生全面素质提高的成长过程，这种学校和家长的价值取向的趋同性，自然就会淡化和忽略美术教育的价值，直接导致了中小学美术教育的弱势地位，使得学生的美术素养与整体教育发展状况极不平衡，学生在美术学科的学习上就表现为一定的盲目性和被动性，综合地影响着学生的行为习惯和学习观念。美术教学作为重要素质教育的作用难以得以保证，中小学美术课程没有真正发挥出其应有的作用，与新课程的要求存在很大差距。

图1

　　另一方面，学校和社会美术教育重技能、重知识，过于强调"术"即技巧性训练，从某种意义上讲，这也是影响小学美术教育发展的内在因素。始终面向全体学生，注重人文和审美素养的提升，强调自主审美意识的培养，把握"术"与"美"的相携而行，"道"与"器"的辩证融合，才是我们应关注的方向。

　　综上所述，现阶段的学校美术教育很容易使学校和家长用追求"优质"和"卓越"来掩饰急功近利和拔苗助长，而与之相反的"平实"和"普通"更多地体现了平等与朴实，做到普惠与通识，这恰恰是义务教育和基础教育的核心价值追求。

## 二、自主欣赏社团的创新思路

　　我们尝试用"平实"的努力达成"普通"的愿望，确定"平实"是实现"优质"的基础条件，"普通"是孕育"卓越"的生态环境。面向全体学生，逐渐形成基于美术学科的知识与技能，以美术专题小演讲为呈现方式的红桂小学学生自主欣赏社团的活动模式。

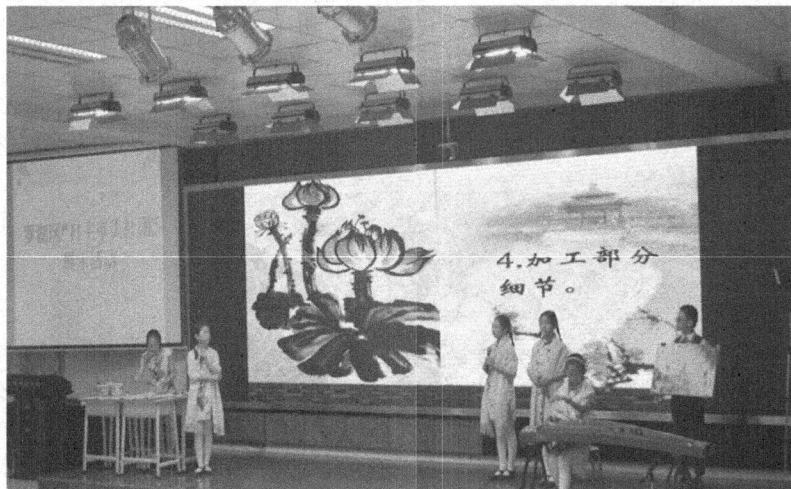

图2

图3

图4

通过平衡组织运作、团队合作、实操分工、互相学习、自主意识、科学态度、主动表达、自我认同等方面的相互关联、相互影响且相互促进的互联关系，区别于其他工作室的专业高度及其他学校单一专业技巧训练的大面积覆盖现象，尝试构建以学生自我认同、自我感受、自我反思的自主学习为主体特征的美术校园文化。将学校美术课堂教学标准与学生具体的基于美术学科特征（美术欣赏、造型能力、综合制作等）的实际操作结合起来，在社团活动实践中去检验和展示美术课堂的双基能力，学生社团活动的实际能力来自美术课堂

教学的学习效果，从而达到学生的实际操作与教师的课堂教学相互促进、共同
提高的效果与目的。初步形成构建知行合一的学生美术自主欣赏社团的活动模
式的教学思路。

## 三、自主欣赏社团的活动模式与构建目标

基于任务驱动的学生美术自主欣赏社团的活动模式设计，我们四年级以上的
每个班自由组成一个美术社团，以老师命题和自选演讲题目的方式，来完成美
术专题小演讲，其内容包括演讲稿拟定、PPT制作、专题演讲海报、轮换演
讲分工、预演彩排、会场秩序组织与维护、配合演讲有奖问答进程的奖品发
放、对其他社团专题小演讲的评价、社团活动时间协调等方面。

图5

在同年级学生社团的同主题演讲中，可以形成因竞争而产生的对比效果，这样可以促进相互对知识、技能的进一步理解与吸收，从而深化学生对美术综合素养的完整理解和全面美术技能的深刻把握。

图6

学生演讲内容的选择，基于国家最新颁布的中小学美术课程标准，能涵盖美术学科的全部四种不同类型的课型。

图7

　　在学校美术社团的美术专题演讲的实施过程中，学生会遇到美术学科以外的诸多问题，如PPT软件本身的各种功能的学习与使用，演讲中使用的背景音乐的选择，为了活跃演讲气氛而设置的表演小情节，讲稿中的文采表现，演讲服装的搭配，演讲现场的综合管理与社团人员的工作分工，如何模仿演讲效果良好的其他社团的表演，等等。这些都是社团学生成功完成一次专题小演讲的必经过程。在这个过程当中，他们可以咨询和请教老师，以及通过其他途径来学习和提高，但是首先需要他们自己对问题有一个主动解决的方向与思路，这个改变和完善小演讲各种细节的过程，对于社团学生来说无疑是走向成功之前的各种考验，对于成长中的他们，是个不小的挑战，而历经辛苦后的最后演讲效果才是对他们所有努力的最直接的褒奖和鼓励，可以极大地树立他们的学习自信，对于他们的能力成长和建立问题的解决思维有着无可估量的促进作用。

## 四、社团活动与课堂教学关系的重构意义

　　学生美术自主欣赏社团活动的构建探索，有利于形成学生综合能力和美术素养提高，以及基于学校基本现状的适合中小学学校课程和校园文化建设的合适途径，使学生形成自身美术综合素养的自我发展与反思评价。学生美术自主欣赏社团活动使老师成为协助学生社团活动的角色，为他们提供活动思路及方法指导，课堂教学是教师告诉学生"应该学会什么"，而不仅仅是学生技巧技能的提高过程。在课堂之外的美术社团活动中，随着新问题、新疑惑的出现，学生自主产生和反馈给老师的是"老师能不能教我这个"，从而转变学生学习的被动性，是一种带有明确的学习目标与完善方向的指向性目标的主动需求。而学生的这种反向需求，又进一步倒逼老师课堂教学的有效性、实用性和导向性，推动教师课堂教学以高效、趣味、实用及易于学生掌握的特点来发展，从而提升老师对课堂教学的高效性改革和探索的主动性。

图8

学生学习的主动性和主体性得以实现，继而实现以美术学科为载体的学生能力的全面发展［组织运作、团队合作、实操分工、互相学习（取长补短）、自主意识、科学态度、主动表达、自我认同］。以学生美术技巧、绘画能力作为社团活动的中心内容，形成以班级美术文化特色为基础的学校综合校园文化主体，初步形成学生自我认识、自主学习、自我表达、自我评价、自我反思的自主学习的学校校本课程，逐渐发展并积淀成为学校的校园文化。社团活动可以促进学生的采编能力、信息处理能力、自主学习能力、文字及口头表达能力、活动过程性记录能力、协调能力、团队合作与协调能力等综合能力的全面发展。

（a）

（b）

图9

美术课堂教学是学生课外社团活动的知识基础和技能支撑，而学生课外社团活动又是对美术课堂教学的实践与完善，正如尹少淳教授所言：我们课堂美术教学所进行的知识与技能的传授，应该立足于"学以致用"而非"学以待用"。学生美术社团健康发展需要教师的引导与掌控，为使美术社团成为学校实施独特教学手段的载体，社团成员在教师的引导下，自由组织、规划、轮换演讲角色、相互评价、自主发展，以学生喜欢的中外美术家、美术作品、生活中喜闻乐见的美术形式、美术技巧、绘画能力为美术专业小演讲的中心内容，形成基于学生综合能力得到发展的以班级或年级文化特色为基础的学校综合校园文化特色。

图10

美术社团以学生美术专题小演讲作为学生课外自主学习活动的一个主要呈现方式，其实在过程中就已经带动了学生对于未知知识的主动学习和探究，并且在演讲后，在学生、教师、家长和社会其他人士这四类不同角色的评价表上，他们可以直接得到相关信息的反馈，这为他们对自己设计的整个活动过程的修改和完善，提供了一个良好的基础支撑，在这个完善过程中，他们的综合能力又将得到一次提升和调整。这种具备了迁移性的能力和素质，完全可以移植到对其他学科的学习上，从而可以通过对美术学科的自主性学习活动，带动并提升学生对其他学科的学习能力，毫无疑问，这个意义将是最令人期待和心动的。

# 有效的师生互动是上好美术欣赏课的关键

## ——《源远流长的古代美术》教学案例点评

### 一、观点摘要

美术欣赏课、师生有效互动、教与学的角色转变。

### 二、背景介绍

我曾经在课堂上把美术欣赏课的相关知识点以"一言堂"的方式强行"粗暴"地灌输给学生，根本没有关注学生的个人感受，导致学生在课堂上没有被尊重，学习的积极性越来越低，学生的学习兴趣也随之降低。实际上，这样的课堂教学效率是极低的，老师只是在形式上完成了每堂课的教学任务，而学生的学习所得几乎为零。同时，由于老师过分强调对学科知识的灌输，过于注重对美术作品的历史年代、主要意义和画面技法等方面的关注，一不小心，将美术欣赏课上成了历史课、中心思想归纳课及强调画面效果的技法课，这种明显没有基于学生自身经验积累，不重视学生自己的兴趣点，不关注学生自身感受的教学方式，无疑也是非常低效和粗暴的。教师讲，学生听，学生往往成了教师表演的观众，教师未能真正与学生进行有效的互动，而是学生跟着教师亦步亦趋。很明显，这样的美术课堂是令人沮丧和遗憾的。那么我们应该如何改善美术欣赏课堂出现的种种不尽如人意的状况呢？在教学活动中，我尝试进行了一些教学方法上的改变，从实际效果来看，一定程度上改善了师生在教与学的过程中出现的尴尬状况。

我们知道，师生互动是一种特殊的人际互动，它指在师生之间发生的各种形式、性质和各种程度的相互作用和影响。现代教学理论指出，教学过程的实质就是教师和学习者直接或间接地互动，从而走向共同发展的过程。师生互动有课堂教学过程中的师生互动和课堂外的师生互动之分，这里我们所讨论的课堂师生互动专指课堂教学中教师与学生之间的交互作用。课堂教学过程中师生之间的互动关系构成了课堂教学的主要过程，同时，它也是影响教学效果的主要因素。英国学者阿什利根据社会学家帕森斯的社会体系观点，将课堂师生互动分为教师命令式、师生协商式和师生互不干涉式三种师生互动类型。在师生互动中，虽然是两个主体间的平等互动，但由于教师地位的特殊性，教师往往主宰着师生互动的内容、形式、进程和效果。因此，作为美术教师，如何设计好在美术欣赏课上进行卓有成效的师生互动环节，就成了这堂课是否高效的重要条件。

把握好师生之间的互动方式及程度，设计好师生之间的互动环节，再去实施师生在课堂上良好而有效的互动，有助于调节学生在课堂上的紧张、胆怯心理，有助于调节学生为美术欣赏课做好充分的心理准备。一方面，可以提升老师的教学效率，和谐师生关系；另一方面，可以找到学生感兴趣的关注点，改善学生在课堂上的专注度，增加学生的参与度，从而提高学生对课堂知识的理解与认同。在师生共同合作之下，共同顺利而高效地完成课堂的教与学活动。

理论上的互动形式有很多，在使用上是需要老师基于自身特点有所侧重和调整的，我在自己的小学美术欣赏课的教学过程中，主要尝试着采用了以下两种师生间互动的形式：

（1）问与答的互动（主要基于本堂课的知识点，老师在课堂上如何问及怎样对待学生的答的问题的解决方法）。

（2）师生行为互动（主要基于本堂课教与学的师生双方，在课堂上呈现的实时情绪而有针对性地采用的一种行为上的互动）。

（一）如何问

要想解决老师的"如何问"，那么老师课前如何设计问题就成了一个关键点。

**1. 如何设计问题**

（1）找准"情境"，找准特点：首先，老师要明确本堂课需要引导学生的主要思考方向。在岭南版六年级上册第一课《源远流长的古代美术》的导课部分，我让学生闭上眼睛，然后放了一段泉水叮咚、花香鸟语的山间音乐，让学生带着问题，全身心地去体会和回忆自己曾经的经历。为本节课学生主要思考的方向提供充分的心理准备。

其次，老师设计课堂问题的有效性，需要关注具体课堂前后环节承上启下的逻辑联系。在岭南版六年级上册第一课《源远流长的古代美术》的导课部分，我设计了三个连续的问题：①同学们，在你们身后出现了一座山，请你想象并描述一下，山的外形是什么样子的。这样设计问题，意在使同学们首先能在回忆中理清自己对于山的一个原始形象与记忆。②为什么同一座山每个人的描述会不一样呢？第二个问题让同学们认同并理解，由于每个人的经历和积累都各不相同，所以每个人对于山的印象和记忆也是不尽相同的，与此同时，让同学们感受到，保持自己对于山的观点与看法其实就是坚持自己的个性观点，而不是人云亦云地跟从，这一点也是非常重要的。有了这些心理准备，那么第三个问题的出现就变得顺理成章了。③宋代有一位画家叫郭熙，他对山的描述你知道吗？这个时候引出宋代画家郭熙的画论观点，同学们其实已经在心里做好了准备，想看看作为大画家郭熙的观点和自己的看法有什么不一样。同学们学习和探求的动机已经跃跃欲试了。这样带有承上启下的相互关联的问题设计，符合学生循序渐进的心理认知状况，为接下来的教学环节做了良好的铺垫。

最后需要考虑本节课具体班级学生的综合素质及学生对于美术素养和美术课的实际关注程度来挖掘设置问题的关注点。便于老师和学生在问与答之间进行有效的互动。

（2）定位主题，明确"核心"：要求学生明确本堂美术欣赏课题的整体要求，这应该成为学生进行表述的首要内容。在岭南版六年级上册第一课《源远流长的古代美术》的阅读和观察课本图片环节之前，我向同学们提出了这样的问题：①同学们，这么多的图片，如果用一个词来描述，你会用哪个词语呢？②如果让你分类，你准备怎样分呢？这样的问题设计决定着学生对本节课主要知识点所做的心理准备，从而能够直接有效地帮助学生进行相关的观察、思考和对比，使学生能够按照老师的预设要求，实现对本节课的核心知识点或者环节的关注。

（3）简约提问，积极追问：对于课本所涉及的，但并不是本堂课需要重点讲解的知识点，老师尽可能地以相对简约的设计方式，让学生们自己简单了解即可，没必要引发学生的无谓纠缠，以保持课堂结构设计上的明快节奏。在岭南版六年级上册第一课《源远流长的古代美术》中，对于古代作品的分类，基于不同的角度是可以有很多种分法的，而课本上直接注明了可以分为四类，为了能直接进入课本所要求的四类分法（绘画、雕塑、工艺和建筑），我设计了这样的问题：书上的古代艺术作品，不考虑国别，你会分为哪四类？忽略掉因国别不同而使学生产生对同类艺术作品的犹豫，如油画和中国画在表现形式、技法及画面效果方面的不同，而把它们分在不同类别。

老师需要重点讲解，或者需要全面了解回答问题的学生是否真正掌握知识点的时候，老师可以积极追问学生，学生回答问题时可能意外带出其平时积累的更多的课外知识，老师要积极鼓励而不是打断学生的积极回答。如果老师"引诱"学生回答老师课前预设的所谓正确答案，一定会挫伤学生的积极性，从而导致学生逃避回答或者想当然地去编答案。这样就与实现我们的教学目标渐行渐远了。因此，老师不能直接否定学生或许是错误的回答和并不全面的答案，否则，随着课堂教学进度的推进，老师的这种行为就会直接影响和压抑后面有回答欲望的学生。在岭南版六年级上册第一课《源远流长的古代美术》中，在学生回答艺术作品的分类问题的时候，有位同学说："同样属于绘画类作品，中国画和油画看上去不一样。"虽然这样的回答不是当时教学环节所需要的，如果继续让他讲下去便会影响下面环节的进行，但我还是耐心地让他讲完。然后进行了后续追问：那么你能说出中国画和油画在哪几个方面有区别吗？继续引导学生进行深度思考和观察。

（4）直面"生成性问题"：积极面对美术欣赏课堂中产生的生成性问题，并让它成为课堂的中心问题来进行追问式探讨，有助于学生养成对自己关注的兴趣点或者问题进行渐进式思考与探究的良好习惯，继而可以培养学生形成有学科迁移性的学习能力和方法。当然，这也会导致老师不能按预设教学进度推进教学任务，这同时也考验着老师在课堂上临时调整教学计划的智慧。

（5）设计有明确指向性的问题：在美术欣赏课中，老师基于对学生整体状况的深入了解，其问题设计的指向性直接影响学生回答的有效性，如果老师局限于对作品、作者、年代、时代背景等"具象"因素的追求和关注而忽视了基于美术表现的基本方式（线条、图形、构图、色彩等）等视觉性因素的辨识、分析、归类和记忆，更为严重的是忽略了学生基于自身的生活学习经验和相关经历积累而产生的对美术作品的看法与观点，则必然导致学生关注点的偏移，继而形成了本文前面所说的将美术欣赏课上成了历史课、中心思想归纳课及强调画面效果的技法课的情况，如此一来必然会影响学生对美术欣赏课堂中核心知识点的注意与感受，导致学生对于预设问题的回答偏差，最终影响学生欣赏能力的提高。在岭南版六年级上册第一课《源远流长的古代美术》中，我设计了这样的问题：①你在《早春图》上发现了哪些美术表现的基本元素？请指出具体地方。②你在《早春图》中能发现一种美术表现元素的构成方式吗？请指出来。③你最喜欢画面中的哪些具体地方？请说明理由。这样的问题设计，可以让学生带着十分明确的目标去寻找和思考，自然他的回答也会非常明确，学生的自信心也会随之得到提升。

（二）怎样对待答

**1. 将学生的回答与标准答案进行有效置换**

对于老师课前设计的问题，如何将学生的个性回答和老师预设的答案进行"置换"呢？尤其是这种答案的置换需要获得学生真正认同或者理解，就十分考验老师的教学智慧。与之相反，如果一个老师打断学生也许有所欠缺的回答，则可能直接会打击学生的自尊心，使其丧失独立思考的能力，还可能使学生失去解决自身困惑的机会。美国心理学家、教育学家布鲁纳在他的认知心理理论中曾经说过：学生在课堂上的任何错误都是有价值的。而所谓老师为学生预设的"问题"，换个角度讲，其实是美术教师在本堂课"即将输入的知识点"与学生"对输入知识点的理解与认同方面"之间设计的一条连通线，问题设计的有效性将不可避免地直接影响着学生的认同与理解，以及师生之间教与学的效率。实际上，学生的发问、回答和疑惑，是体现学生真正进入学习过程中的思考阶段的重要标志。

**2. 尊重学生的非标准的认同或理解**

课堂上，老师应该学会智慧地面对学生的多元性答案，而老师使用各种"暗示的伎俩"引诱学生回答出"预设标准答案"的方式，从行为上就没有尊重学生基于自身水平与经验基础的思考与对相关问题的自身感受，长此以往，将会影响学生对问题的思维方式，更严重的是为了完成本堂课预设的教学任务，直接伤害了学生创造性思维和开放性想象的可能的成长空间。

## 三、师生的行为互动可以实现师生教与学的角色转换

课堂上，老师在教学活动中的主导地位决定了老师对于整节课的主导和调控作用，而学生是课堂教学活动的知识输入主体，他们的主体性地位要求老师在设计整节课的教学活动时，要注重唤醒并提高学生的学习热情和兴趣。良好而有效的师生之间的互动，让美术欣赏课中师生之间教与学的关系转变成为可能，互相学习、相互影响、共同成长是美术欣赏课的一个特征，互动中的有效对话，是决定本堂课对学生欣赏、评述的教学目标能否顺利实现的基础和前提。师生互动，是学生在课堂上思考和探究观点的呈现，是老师在课堂上顺利达到预设教学目标的途径。因此，保持课堂的愉悦性，让学生的心情处于一种完全开放和放松的状态，从而使他们对老师知识输入的效率最大化，这种师生

之间情景交融的互动状态，使师生都处于忘我的合作之中，让课堂变成了一个学习共同体。

　　总而言之，课堂上的师生互动，老师的聆听与追问，既是一种美术课堂的教学手段，同时也是对学生课堂表现、观点描述及感受表达的教学行为评价，教学目标的顺利实现呼唤有效的课堂师生互动。

# 《源远流长的古代美术》教学案例

## 卷首语

### 一、背景

让学生了解美术文化的发展，对弘扬和传承人文精神发挥着重要的作用，让学生学会欣赏和品味我们传统的优秀美术作品中蕴含的优秀文化和民族精髓，继承并弘扬它，是我们美术教师应尽的责任。然而，在我们现实的美术课堂教学中，学生们并没有真正体会到优秀美术作品中的深厚文化内涵，除了一些客观因素之外，教师对现代教育教学理念的误解与迟滞是一个不可忽视的重要原因，再加上受传统教学观念根深蒂固的影响，许多教师并没有重视美术欣赏评述课的作用，没有从真正意义上去实施我们需要转变的"以学生主体和教师主导为特征的教与学的理念"，从而让欣赏课教学质量和效果与我们的期待相去甚远，甚至无法达到素质教育的客观要求。因此，如何转变欣赏评述课教学的理念，以适应素质教育和新课标的强制性要求，就成了我们美术教师面临的一大挑战。

作为美术老师，在本人有限的教学经验里，曾经由于过多纠结于美术作品的时代背景，而将美术欣赏课上成了历史课；又曾经由于过分流连于美术作品的深刻含义，竟然将美术课上成了语文学科的中心思想归纳课；甚至由于过度膜拜美术作品中的表现技巧，更是将美术欣赏评述课上成了专业技巧课。于是学生在老师近乎偏执的坚持当中，失去了基于自身现有经验的体验和积累的机会；作为老师，却依然在迷失中持续地凸显自己不可或缺的课堂主宰身份。

随着课改的全面推进和深入，教与学的矛盾正在我们的课堂上愈发激烈地持续发生，尝试改变现有的教育教学观念，优化教学手段，提升教学效率及实现以学生为主体教师为主导的新型课堂教学特征的课堂结构，已成为我们每一位美术教师不可推卸的责任。

## 二、基于以上背景，我做了这样一番思考

重庆江津聚奎中学和江苏省木渎高级中学"翻转课堂"实验的成功经验，给了我们美术老师以巨大的模式参考价值。尽管当时他们并没有将美术学科列入实验科目，但是，他们这种模式的完美效果，无疑给我们美术老师带来了无尽的思考和参照意义。"翻转课堂"之所以能获得成功，得益于他们一直采用探究性学习和基于项目的学习，让学生的学习变得更加主动和自觉。而互联网络世界的高速发展，客观上也为学生的探究式学习提供了一股强劲的助推动力。因此，我们可以这样说，"翻转课堂"实质上是翻转了我们传统课堂教学的基本结构、老师的教及学生的学之间的相互关联方式和形态，建立起了"以学生的学为主体，以老师的教为主导"的新型教学方式，从而使得教师在课堂上的地位改变成为以组织者、协调人、指挥家、智囊团为特征的"导演"角色。

思维导图作为将思维可视化及逻辑化的一种手段，正日益改变着我们的生活，它所具备的这种让思维有序化和逻辑化的功能，让我们看到了学生自主整合他们头脑中杂乱无序的美术学科知识的可能性，变被动学习为主观主动的学习需要，或许能够成为我们美术课堂教学改革的一种新动力。基于这样一种思考，我开始尝试将"翻转课堂"的探究式学习方式和思维导图的可视化思维引入美术课堂教学，它们二者之间的和谐融合，或许将会给我们未来的课堂美术教学改革提供一种新的可能性。

如果这种预设能够融合在美术课堂教学当中，在学生和老师基于基本教学目标的实现，学习方法的自主获得与迁移，以及学生综合素质的全面提高等方面产生明显效果的话，那显然是具有非凡意义的一件事情。

### 三、究竟什么是思维导图和"翻转课堂"？我们又将如何操作呢？

思维导图具有一种将思维发散的特征，作为一种学习策略，思维导图有利于培养学生的创新思维能力，它将我们无形无序的抽象思维活动转化为一种可视有序的具体形态，让我们的思维变得更加理性与系统。

所谓"翻转课堂"，简单地说就是指把"老师白天在教室教，学生在教室学，然后学生晚上回家做作业"的传统教学结构翻转过来，将预习新知识的过程前置到学校课堂教学开展之前，构建出了"学生白天在教室完成知识吸收与掌握的知识内化过程，晚上回家自主自助地学习新知识"的教学结构，形成以学生在课堂上完成相关学科知识吸收与掌握的内化过程，在课堂外完成知识学习为主要特征的新型课堂教学结构。

基于这样的思考，我要求学生将课前预习（如果有预习存在的话）在家自主完成。并按思维导图的方式，以老师提前要求的分层目标和预设问题的指引来完成，到了课堂上，我们主要以小组竞赛和积分的方式来激励和鼓舞学生分享和讨论自己在预习阶段按老师要求完成的作业与感受，最后在获得班级其他同学的不同个体的体验和经验分享后，经过和自己的体验与感受相对比和碰撞，再一次获得新的体验，然后自主去完善自己可能存在不足与缺失的思维导图，从而让自己的感受与学习经验得到更好更全面的提升。

### 四、在实际的美术课堂教学进程中，我该怎么应用它们呢？

作为对美术作品进行欣赏评述的基础，我尝试让学生学会对课本中出现的美术作品进行初步分类，并尝试进行基于思维导图训练的三级分层要求的操作。这是根据每节课需要重点解决的问题及同龄学生之间的能力差异，我设计的三级分类表现的具体要求：

（1）基本标准：完成对全课知识点的梳理、分类与重构，将书本知识点进行系统化调整。这是我们要求全部学生必须达到的标准。

（2）初步延伸：工具材料、历史背景、作者简介等可查询资料的收集。通过自主探寻的方式（网络、电视、书籍、同学间交流等），获得作品背景与简介，大多数学生（90%）能够完成对作品外围情况的了解，有助于学生对作品本身获得一种深入而全面的理解。

（3）拓展表达：用美术语言表达作品内涵、画面赏析、文化延伸、个人感受等对作品的个性化表达。就是在学生充分完成基本要求和初步延伸的基础上，要求80%以上的学生实现自己对作品的自我评价与观点描述（用相应的美术专业语言：美术表现的基本元素及美术基本元素的组合形式），实现美术欣赏与评述课型的真正意义。

为了顺利实现以绘制思维导图为基本要求的预习过程，并将它作为学生预习效果的主要参考，我对学生进行了如下具体训练：

（1）逻辑思维训练：是指能迅速找到一节课知识点相互存在的逻辑性关联的一种练习。让学生在预习的时候，从尝试寻找这节课的"关键词"入手，开始系统地构建这节课主要知识点之间的相互关系，以及它们与之前所学知识点或者知识体系之间的逻辑性关联。我们发现：一节课的标题本身，就直接揭示了本节课的核心内容，从而也就帮助我们能够顺利找到本节课的所谓"关键词"，在此基础上进行的各知识点的关联，也就变得比较简单了。因此，新知识与旧知识之间的相互逻辑联系，以及由二者共同构成的知识体系的构建也成了一种可能。

（2）操作方法训练：在没有让学生进行预习的情况下，按照老师自己事先设置的课堂分享和讨论环节，进行小组间竞赛，有积累和有预习习惯的同学很快就实现了比分的领先，落后的小组也很快便会明白他们之所以落后的原因，那就是没有进行课前系统的预习。于是，他们自然就产生了为下一次竞赛而准备的动力，如此经过几次的反复训练，学生很快就可以建立符合老师事先设计的预习习惯和规范，也就让初步预设的课堂教学结构的改变成为可能。

对任何教学活动的效率性要求，是我们之所以进行班级集体教育的基本原因，影响班级教学效率的因素有很多，但是组成班级教育结构的教师、学生及二者之间的相互关系无疑是其中的主要影响因素。基于这样的原因，我产生了改变我们美术学科课堂教学结构，以及着重改变和更新学生学习方式的想法，从而找到一种比传统教学模式更高效的教学模式。之所以产生这样的思考主要依据如下的理由：

（1）陈勇工作室成员的主要职责要求及基于自身特点的工作规划：探索以学生为主体的课堂教学结构，将思维导图和"翻转课堂"作为基础要素，进行将学生自主学习置于课前的尝试。

（2）六年级的学生，知识学习、语言表达、实操和模仿能力强，学生对自己的学习方式（多元的课前及课堂探究）熟悉了解，但是学习热情和动力较差，在了解情况的基础上进行教学结构的尝试性探索，就比较容易操作。

（3）我们使用的是广东岭南版美术教材，教师和学生都比较适应。

（4）孩子面对新的课堂结构和上课方式，容易激动和放松，对于孩子们在课堂上的热情表现，本人具备一定的掌控能力。

（5）目前的课堂教学结构都在进行各自基于理解的不同方式和程度的变革，在学生主体性和老师主导性的原则要求之下，我们尝试在学生主体方向上做一些适当的变革。思维导图将个人思维视觉化的作用，个人认为就比较适合我们目前正在进行的尝试性变革，这也因此成为我们变革课堂教学结构的主要思路之一。

## 五、教学模式改变后的预设教学效果应该是怎样的？

理想中的预设教学效果应该是这样一种状况：学生学习的主动性得到发展，学生的学习经验和方法得到提升，并可以将方法向其他学科迁移，美术学科知识将会得以建立属于自己的体系，使得自己的知识更加系统化，理性思维和正确表达自己观点的能力得到加强，团队和集体主义观念进一步增强，面对新知识新问题，可以尝试找到适合自己的探索方式与方法，成为一个性格独立、具备团队意识、协调能力和懂得学习的合格社会公民。

# 《源远流长的古代美术》教学案例

在《源远流长的古代美术》一课的实际教学过程中，采用了如下实施方法（案例的细节描述）。

## 一、设计的环节

（1）思维导图和"翻转课堂"的预习前置。

（2）课堂分享和讨论（分组竞赛）。

（3）完善导图——回家作业，下节课的预习。

找出每个环节要解决什么，用什么办法解决，（用的方法和手段），解决的效果如何：①学生的变化（情绪和行为的变化，学生情绪变化的经典细节）；②取得的效果。

## 二、环节中的问题解决与效果

（1）第一个需要解决的问题——寻找本课关键词的方法：第一次进行一节课的"关键词"寻找，学生们还是费了不少的周折。《源远流长的古代美术》中的美术作品，涵盖中国与外国、工艺与建筑、绘画与雕塑、古代与现代等诸多方面，对学生无疑是一个很大的考验。他们一开始无法确定"关键词"是什么，甚至将"古代""中国画""油画"等作为本课的"关键词"，他们无法找到一个合适的词语来表达内心似乎明白的意思，总也找不准确，当老师反复以加重的语气大声读本课的题目——《源远流长的古代美术》的时候，学生们终于发现，其实一节课的核心"关键词"是可以在本课的题目上轻松获得的。瞬间，学生们如释重负，开心地哈哈大笑。一方面，他们为自己终于找到了答案而兴奋不已；另一方面，他们为自己"踏破铁鞋无觅处，得来全不费工夫"这样有趣的场面而欢呼。更重要的是，学生明白了学习是一件原本很快乐但需要细心的事情，这种体验，比获得多少老师的表扬来得更有价值。

（2）需要解决的第二个问题——寻找逻辑性的记忆方法：

① 在课堂上让学生完成对一组无序数字的短时记忆，由于学生对实际的记忆方法并不熟悉，产生了诸多不同的状况，其中最主要的一种情况就是没有按要求全部记忆下来，于是大家使劲地寻找合适的方法。

② 经过老师暗示，他们终于找到了这些无序数字之间的逻辑关系，于是总结出了记忆的方法，并且全班同学马上就顺利地完成了记忆任务。

③ 接下来，就让学生对《源远流长的古代美术》这节美术欣赏评述课中的美术作品的相关信息进行记忆。学生开始尝试寻找方法，本课美术作品涵盖了中国与外国、工艺与建筑、绘画与雕塑、古代与现代等诸多方面，对学生无疑是一个很大的考验。但是课文中已经用文字标注出了已经存在的四种类别的名称，有了前面记忆无序数字的经验，课堂上学生很快就掌握了书本中提供的分类。经过努力，他们可以大体自行解决全部作品的归类整理，对美术作品相互间的关系了解清楚后，对相关知识点的记忆相比之前不了解的状态自然容易多了。当然在规范性上有些小问题（如导图的纸面布局、作品相关信息的遗漏、归类的错误等）。在第二课时的时候，经过课堂分享环节的讨论与展示，学生自己就直面问题，并迅速将问题自主地解决了，课本的全部知识点或者作品都被同学们归纳成一个体系，建立了初步的知识体系。这也完成了我们要求全体学生必须达到并完成的初级标准；得到老师的肯定，学生们表现得更加兴奋。在此基础上，我又要求学生尝试找到自己喜欢的两件作品（中外各一），通过自己的方式完成对它们的基于历史背景和发展历程的简单介绍，自己的方式可以包括网络搜索、咨询，甚至抄同学的搜索结果等，关键词必须达到40个字（教师要求的目的是防止学生过于简单和草率，应付式地完成）。这里有个问题，在实际操作过程中，学生在家里（这是预设的课前预习部分）往往找不到特别关键的简介，并不能很充分地确定自己对作品的判断，他会带着问题和疑问来学习。在课堂分享环节，通过与获胜团队的分享进行比较，学生能够认识到自己在预习阶段的不足，因此自然找到了自己比赛结果不理想的直接原因，他们一下子就学会了寻找作品简介的正确方法，比老师单纯的教要深刻和牢固

得多。在课后的完善环节，他们轻松地便完成了对自己作业的完善，并为下次的课堂分享摩拳擦掌、跃跃欲试。这样学生学习的主导性得到了挖掘，学生对学习和上课的兴趣陡然提高。

经过这样的课堂教学环节的探索性尝试，学生发生了如下变化：

① 情绪发生变化：学生在课堂上的表现非常踊跃。因为课前的预习准备直接关系到课堂分享展示讨论的效果，所以，课前的预习效率成了学生自身的要求，自然，所谓偷懒和拖拉的现象也完全消失了。

② 行为发生变化：无论课前还是课后，学生的主动性学习得到验证，老师的主导性作用也得以很好地发展，取得了相对不错的课堂教学效果。

（3）第三个需要解决的问题——寻找观察性的方法：

① 在我们的课堂教学中，面对需要进行记忆的繁多知识点，只要让学生对杂乱信息建立基于逻辑关系的某种联系，记忆就变得比较容易，而一旦逻辑关系确立，知识结构的再构建就顺理成章地成立了。

② 课堂分享环节，我们采用分组淘汰的比赛办法。老师对课堂节奏和学生情绪的控制体现了老师主导性的要求，学生非常感兴趣，直接刺激了他们在下一次课堂分享的准备热情，而具体预习的方法和重点学生通过课堂上的分享环节中已经体验并找到了，那么下节课的分享自然会准备得更充分了。同时，学生的团队意识也在不知不觉中得到培养与提高。

# 读《新艺术的实验——西方现代艺术》之我见

## 一、《新艺术的实验——西方现代艺术》案例的设计亮点

（1）"小凉粉"的角色设计新颖别致，学生兴趣盎然，有效地调动了学生上课的积极性和对课题的关注度。用学生喜爱的流行音乐短片导入，有效地激发了学生的学习兴趣，从而让他们在强烈的兴奋中完成教师设计的欣赏过程。

（2）教师运用微课手段进行教学，教学节奏明快，教学效果明显。教学环节二结束之后完成板书：个人主义（态度、观点）＋形式主义（语言、方法），教师板书归纳清晰明确，让学生能清晰而充分地理解西方现代艺术是形式主义和个人主义的结合，是为表达个人态度和观点服务的。如此为接下来的第三环节"分析西方艺术由传统走向现代的原因"的教学打下了良好的基础。此时点题，恰到好处。

（3）环节三实际上是传递了一种获取资讯的手段，并以此搜寻到了西方艺术由传统走向现代的原因。

（4）通过学生合作探究的"找流派"游戏及学生的评述，检验学生对于本节课知识的掌握及个人对西方现代艺术作品的看法与观点。老师的点拨和评价，有助于引导学生形成看待世界的辩证眼光和初步形成批判意识，从而提升学生的审美及判断能力。

## 二、关于《新艺术的实验——西方现代艺术》案例"师生共同探究部分"之我见

从本案例的四个教学环节（①激趣导入；②师生共同探究；③学生合作探究；④总结）来看：①和④两个环节，属于美术课堂教学结构中的首尾环节，每位老师基于自己的教学设计和教学风格，均有自己独特的处理方式与手段，具体做法只要符合自己课堂教学的整体设计思路就行，本课例的做法无可厚非。对于第三环节的作用，从本课例整体教学思路来看，是对第二环节的教学效果的检测与拓展，教师对于此环节的具体设计与教学手段的实施，也是各有观点和见仁见智的。

作为本节课的核心教学环节——师生共同探究，从本节课的"欣赏评述课型"来看，无论教学的具体内容是什么，经过老师的引导，学生基于自身经验积累和认知基础，是否有所得，对于"目标内容"是否真正地发生了"欣赏"的过程，是否产生和表述出了自己个性化的"体验"感受，是否能对自己的欣赏和感受做出合理判断，才是评判一节"欣赏评述"课型是否有效的依据。

以下是本人就本案例第二环节——师生共同探究环节所实施的手段，基于个人的观点提出的改进建议和说明，受限于自身理论及表述水平，谬误之处，敬请斧正。

通过阅读本案例，我们不难发现本节课的关键词是：传统、颠覆、实验。

西方传统艺术的形式与技法，经历了几千年的发展和积累而成为我们所称的传统艺术的形态，从最著名的法国拉斯科洞窟壁画和西班牙的阿尔塔米拉洞窟壁画，到欧洲以坚持现实主义的文艺复兴时期的艺术作品，以古典主义的表现方式强调科学的比例、解剖和透视，在追溯古希腊、古罗马艺术精神的旗帜下，创造了最符合现实人性的崭新艺术，将科学的理性思考与艺术的感性表达完美地结合在一起了，其杰出代表达·芬奇既是艺术家又是科学家。西方传统艺术所积累的表现形式与技法是人类艺术宝库中的瑰宝。作为西方现代艺术想要"颠覆"的对象，我们首先必须让学生明白传统艺术的存在意义，要让学生

以敬仰的心态去体会现代艺术要颠覆它的背景、目的，以及我们要辩证地看待"颠覆"的必要性，从而让学生产生真实的心理震撼与感受。由此，我们期待的"欣赏"才会真正地发生。据此，只有真正认识西方传统艺术所具有的意义，才有可能让学生体会本课例所谓"颠覆传统"的深切感受和意义。

在课例的环节一中，教师虽然设计了重温西方传统艺术的环节，但只是强调了它的三个特征：比例、解剖和透视。如果教师完全没有了解学生对于西方传统艺术的认知程度，那么学生对于所谓"颠覆"的感受一定是流于表面和不深刻的，作为欣赏评述课其教学效果就会受到不言而喻的影响。因为，绘画表现能力不足的学生"因为表现技能不足而颠覆"与西方现代艺术家们"掌握了超高表现技能的基础上去颠覆"是有着本质区别的两种状态。在教学过程中，如果单单从表面的形式感和技法上做出区分，学生对于经过"颠覆实验"后产生的现代艺术作品及流派的认知就难免肤浅。

（a）

（b）

（c）

图1

单就"颠覆"的技术而言，老师也应该在这个环节中说明，所谓"颠覆传统"应该是针对"传统艺术"的三个特征（比例、解剖学和透视）：颠覆比例、解剖学和反透视入手，让学生明确地知道，他们在后续教学环节中应该关注的重点是什么。而老师在此环节恰恰忽略了以上说明的部分。同理，在激趣导入环节，在播放音乐视频和西方现代艺术作品之前，老师也应该设计一个针对学生的观看过程的问题（例如，即将在音乐中播出的"怪异"图片，符合你心目中艺术作品的标准吗？请说说你的理由），让学生带着问题有目的地去观看音乐视频和现代艺术作品。

基于以上理由，就整体课堂教学结构和设计思路而言，我们是否可以这样认为：我们所期待的"欣赏"其实并没有真实而客观地发生。

我的建议是：①增加一个西方传统艺术作品的欣赏环节；②教师的问题设计应更多关注学生个体对于作品的真实感受。

以下是个人就本案例的一些具体细节而谈的不成熟的看法，言辞粗糙，敬请斧正。

**案例原貌1：**

在课例的环节二中，老师展示了传统绘画代表作波提切利的作品《春》，并提问：你们认为画面中的人物是什么身份？学生C：男神和女神。教师：画面中的"美惠三女神"在轻纱掩映之下散发着青春、健康的魅力。

图2

显然，我们并不能明确地知道，老师提出这个问题期待达到的目的是什么。从老师的问和学生的答来看，并没有达到本案例原本的设计意图：从形式、题材、审美观念三方面总结西方现代艺术与西方传统艺术的不同之处。这个问题缺乏有效的针对性，至少仅从教案来看，我们还没有看到人物身份与形式、题材、审美观念等传统绘画表现规则与颠覆之间存在多少关联。

**案例原貌2：**

在课例的环节二中，老师出示的后印象派代表作塞尚的《大浴女》，并提问：什么是"印象"呢？教师小结：这幅作品表现的是画家主观印象中的画面，充满强烈的主观色彩。

图3

教学中采用"对比"是区分两件不同作品最有效的方法，主观色彩一定是和真实的现场色彩相比才更容易得出结论的，传统艺术与现代艺术也只有在具体的图片对比之下，各自的特点才会更加突出和明确。画面印象一定是指画面色调吗？难道不可以是学生从画面中体会到的心理感受或者线条、色彩吗？被颠覆的究竟是画面细节还是画面色调？与传统艺术特征相比（前面环节提到的知识点），现代艺术应该主要在传统艺术的三个特征（比例、解剖学、透视学原理）上做出"不成比例、不遵循解剖学结构、不遵透视学原理"等方面的表达。因此，欣赏教学中缺乏有效"对比"的教学手段，让本案例的教学效果有些损失。

**案例原貌3：**

在课例的环节二中，教师出示组画《睡莲》，并提问：有一种"滤镜"，它就是艺术家手中的画笔——莫奈能将一处映日荷花之景变换出丰富的效果。请观察这组作品，思考一下，莫奈主要运用了哪些美术语言来表现不同的意境？

此环节设计的提问缺乏针对性，没有引发学生的有效思维。美术语言无非就是线条、色彩和肌理等表现元素，在此环节，老师的提问使用了"变换"一词，个人认为不是很恰当：莫奈大师《睡莲》组画中不同的丰富效果，只是莫奈大师对于不同时刻的光线变化反映在同一物象表面，敏锐地感受到的不同的色彩组合而已，莫奈客观上是非常尊重某一时刻物象表面本身的色彩组合，而在不同时刻，同一物象表面的色彩组合又有很大不同，并非主观上"变换"出的不同效果。所谓画面意境，其实是每个人面对大师作品而产生的，基于自身美术素养和经验积累的内心感受，就算是面对同一幅作品，每个人的感受也可能是完全不同的，而意境的呈现，是由各局部细节共同组合而成的，我们如果忽略了学生的个人感受而去谈美术表现的语言的话，那我们与"欣赏"就渐行渐远了。

**案例原貌4：**

在课例的环节二中，教师出示了立体主义代表作毕加索的作品《亚威农少女》，并提问：为什么毕加索要把妓女画得面目"狰狞"呢?

图4

　　老师的用词明显带有个人情感倾向，容易误导学生理解并感受到立体主义的表现特征（细节重组），影响了学生对于画面的自我解读，没有尊重学生基于自身认识和理解的个性化理解与感受。如果使用"憔悴"这样的中性词语，便更能引发学生对于画面及大师创作背景的思考，从而可以体会到当时毕加索想要通过这幅把放纵性欲和死亡联系在一起的创作目的，警告人们性病的危险，以警示那些肆意放纵的人。

　　**案例原貌5：**

　　教师出示野兽派代表作马蒂斯的《舞蹈》，并提问：如果要描写一个生动的场面，用300字容易还是用3个字容易？

图5

　　尽管老师设计问题的出发点是好的，期待引导出学生能感受到：马蒂斯用极简的线条和三种色彩就把舞蹈的动感和激情欢快的场面表现得淋漓尽致，大面积的对比色具有超强的视觉冲击力。但是问题的具体设计欠妥，用字数的多少来区分是否有效地表达出对一幅画面或一个生动场景的丰富内涵，这是缺乏逻辑性的推论，从而让学生对马蒂斯作品风格的解读和理解多少带点牵强的意味。

　　虽然我企图从鸡蛋里面"无中生有"地挑出骨头，但是瑕不掩瑜，这节课例依然不失为一节好的欣赏课例。

# 《变照片为黑白的画》教学案例之我见

## 一、《变照片为黑白的画》教学案例的设计亮点

（1）使用软件将课前师生合影风格化，通过学生满怀欣喜地寻找自己，有效地激发了学生的学习兴趣。师生交流了几种常用绘图软件之后，学生兴趣进一步得到提升，此时老师引入课题并板书，恰到好处。老师娟秀得体的板书达到了继续烘托学习气氛的效果。

（2）彩色照片和黑白画的直接对比，首先直观地展示了今天课堂上的主要内容；其次，这样的图片直接对比教学，达到了一种开门见山、节奏明快的教学效果。老师有针对性地提问，拉开了本节课新授教学的序幕，使得从导课到新授的教学环节的过渡自然而顺畅，为接下来的教学打下了良好的基础。

（3）纵观其中主要的教学环节，老师引导、学生主体的教学思维贯穿始终，教学过程中，知识难度逐渐提升，学生信心渐次提高，学科本位的知识、技能的传递与掌握情况不错，很好地达成了让学生在探究中学习、在互动中成长的目标。

（4）在老师提供的素材中，每种素材上都覆盖了PVC膜，学生可以直接在PVC膜上进行提炼和概括，除了有效越过因学生普遍造型能力不足而可能导致的对于美术表现元素及其构成方式的学习与掌握的障碍，还可以在PVC膜上进行反复尝试和修正，从而可以有效地展示自己的课堂收获。

（5）展示阶段让学生将自己的创作作品与别人的组合展示，不仅促进了学生的彼此合作与相互欣赏，还产生了一个二次创意和二次创作的效果。

## 二、关于《变照片为黑白的画》教学案例之我见

本案例的商榷之处与还可以采用的教学方法概述：

从本案例的教学环节整体设计来看，每位老师都是基于自己的教学理念、对学科知识的把握及对学生状况的了解程度来设计自己的教学环节，在具体实施环节均有自己独特的处理方式与教学手段，具体做法只要符合自己课堂教学的整体设计思路就行，尤其是对于美术学科的"造型·表现"课型而言，对于知识与技能的传授，每位老师都有自己的教学逻辑和推进方式，本课例的做法当然也是无可厚非的。

而作为本节课教学的核心环节——"课堂新授"部分，无论新授教学的具体内容是什么，学生基于自身的经验积累和技能基础，基于自身现阶段的认知能力及认知规律，经过老师的引导，是否真正掌握了"目标内容"（通过学生课堂作业体现，即所谓"鱼"），并能够同时获得这类问题的普遍解决方法（即所谓"渔"）呢？这应该是我们判断这节课是否真正尊重学生的认知规律，是否真正以学生为课堂教学的主体，是否真实而高效地达成我们课前预设的"教学目标"的标准。

以下是本人基于个人观点，就本教学案例所预设的教学环节的推进方向与路径提出的改进建议和说明，受限于自身理论及表述水平，谬误之处，敬请斧正。

**商榷与建议之一：**

图1

图2

　　图1与图2的对比，老师将类似却分别为不同主体物的彩色照片和黑白画进行对比，这种对比给学生带来的视觉识读的效果，远不及与同一张彩色照片处理后的黑白画的对比效果直观和鲜明。因为这样对比，学生运用视觉识读来提取"对比差异"将会更为直观和明确，更容易获得对黑白画构成方式的理解。接下来，以此思路和方式为基础，我们甚至可以从美国画家肯特的黑白画《斯克尔门》的画面表现效果，去"反推"画家想要表现的情感及当时绘画的时代背景与情境。很明显，此处是最好的欣赏教学时机，通过欣赏能让学生充分感受到画家"为什么要将黑白分明的人物置于对比强烈的背景中"的真正用意。此处也是最适合说明表现手段应该服务于表达感受与情感的时机，当然也就直观地说明了本文后面将要提到的"为什么这样主观取舍"。实际上，在本课例后面的教学环节中（将教师照片变成黑白画的过程中），由于PVC膜的存在，黑白画实际上就是经过"临摹"的老师的彩色照片，学生很快就通过画面对比得到结论，这实际上也就很好地验证了我的上述观点。

　　另外，如果考虑到要在最后的学生集体作品展示中提炼出更有意义的拓展主题的话，作为伏笔，图1这张彩色照片的主题选择就显得很重要了（比如，边区失学儿童、灾区受难群众、与一带一路相关联的经典建筑、人物等）。

【个人建议】

在本课例实施过程中，当老师揭开了长卷的标题时，学生们有点蒙，或许他们对于"一带一路"的意义理解得并没有我们所想的那样透彻，事实上对"一带一路"的具体意义真正了解的学生并不多，因而此环节的设计效果和意义不大。

如果把最后的展示环节设计成"同类图片聚会"的游戏：老师可以尝试事先把一些特定类型的图片进行分类编号，当最后进行展示的时候，老师突然揭开谜底，把答案显示在PPT上面，让拿着某一类图片的学生迅速站到一起（即所谓"聚会"）。这样设计展示环节，既好玩又能让学生迅速地了解各类组合图片的特定分类意义，如东南亚特色建筑、四大文明古国类、古代丝绸之路的起始到终点的国家顺序排列、"一带"和"一路"的沿线国家、标志性景点等等，这样对于提升学生的相关知识积累是有实际促进作用的。

商榷与建议之二：

教师通过引导学生观察、对比得出结论：彩色照片绚丽多彩，黑白画明快简洁。那么，黑白画的特点"明快简洁"的结论因何而来呢？

除了因图片"对比"而来、因"变化"而来、因"忽略烦琐细节"而来等显性原因之外，其实还因为画家对于表现元素和构成方式的主观取舍，而这是决定黑白画画面效果的最主要因素。因此，产生"变"的原因，应该来自两个方面：①显性原因（即如何变）；②主观取舍（即为何变）。显然，本教学案例遗漏了另一个产生"变"的原因：主观取舍（即为何变）。理由如下：

从美术学科的本位出发，把黑、白、灰或者点、线、面的知识与技能作为本课的教学目标，对于"造型·表现"课型来说，理所当然。然而，是否应该把学生对于点、线、面的构成方式所表现出来的感觉（均衡、节奏、虚实等）也作为"教学目标"之一呢？讲"怎样变"当然重要，而"为什么这样变"同样不可或缺，因为它直接关系到画家要表达的情感，画家作品画面的强烈对比效果，除了来自作品原本的构图和明暗之外，更来自画家的情感表达——强烈的情感表达与黑白画的特殊表现方式相融合，才能形成目前画面协调的表现效果。而作为表现手段的黑、白、灰与点、线、面的所有"变化"（即构成方式），最终目标都是为主题感受的表现服务的，而非为呈现画面效果服务的，之所以"变"是因为表现手段要服务于主题感受的表达，而脱离感受表达的"变"，只能是停留在为变而变的层面，就作品而言，"变"不能是没有观点和态度的"变"。如果老师牵着学生依样画葫芦，而非为表达自己的真正感受而变，那么，我们所希望的学生的主体性原则并没有得以实现。因此，我们能不能这样认为：只有学生自身产生了对情感表达的要求，如何去主观取舍，如何去"加一加"，又怎样去"减一减"，才会有存在的根基与意义。在开始"变"之前，学生应该首先对自己面对的素材（老师准备的照片）已经发生了基于个人认知的"欣赏"（即感受），感受是"变"的前提，"如何变"作为表现技能是为表达感受服务的。

具体而言，画家的这件作品，无论从作品的创作年代还是画面中的人物角色特点来看，都与同学们现在的生活时代相去甚远，如果我们不能就画家本身及画中人物的角色及所处情境，引导学生设身处地地体验和感受，如果不能深窥画家的内心世界（情感、态度、价值观），是无法完全揭示点、线、面或者黑、白、灰作为造型表现元素在画面上的构成，来表现画家内心真实情感的本质和规律性问题的。点、线、面等绘画语言所构成的理想画面更应该是艺术家表达情感的凝缩方式。单纯的与情感表达不相关联的知识与技能教学，只能让学生的认知停留在脱离情境的纯技术的符号叠加练习，难以让学生体会到表达真挚情感和展现动人心魄的作品的层面。

所以，强调"变"及如何"变"没有问题，而为什么这样"变"是个"重要"问题。强调为什么这样"变"，体现的是让学生实现对"变"的个性化的理解及对认知规律的感受，不仅是一个再表现、再创作的过程，还是对新的情感、态度和价值观的逐渐认同、形成和表达的过程，当然也体现了美术学科育人的过程，更为重要的还是学生美术综合素养的形成过程。

商榷与建议之三：

面对图3，老师设计了一系列的问题：

（1）画面中不同位置的点和线的使用方式一样吗？

（2）它们产生了哪些变化呢？

（3）这些或密集或稀疏的点与线产生了怎样的视觉效果？

（4）它们能否缺少？

（5）它们有什么作用？

（6）如果缺少它们画面会发生什么变化？

图3

【个人观点】

本课的教学从此处的第三个问题开始，并没有通过继续挖掘和提取学生已有的知识积累，来提升学生的认知能力。此时，探讨的方向实际已经转变为以分析画家作品中因物象不同而带来的表现技法上的区别为主，学生并没有基于自身知识技能，基于对画家表达情感的理解与认同（"发生""欣赏"过程），而获得对不同表现技法的新认知与新感受。

【个人建议】

如果这样设计问题呢？

（1）画面中哪些地方是用线来表现的？

（2）它们一样吗？

（3）你喜欢这样的表现方式吗？

（4）画家这样的表现方式与你心目中的表现方式有什么不同？

（5）线还有其他的表现方式吗？

引导学生对"点"的差异性表现方式的认知和探究，同样可以如此设计。其理由说明如下：

这样设计问题，有助于学生形成观察→回忆→提取相关积累记忆→与新认知产生类比→区分差异→提炼出新方式→感受认知规律→掌握认知方法→能完成对任意照片的变这样一种认识。顺应学生的认知规律，学生收获的不仅仅是技能的提高，而是基于自身技能引发的类比、对比，学生原有认知水平获得提升，学生获得了一种学习、提高自己综合素养的方法和路径。这样一种思路属于授之以"渔"的引导。

综上所述，我们是否可以把以强调学生怎样用点、线、面等表现元素去表现自己通过视觉识读而产生的"感受"作为主线，以遵循学生的认知规律为原则，来贯穿整节课教学环节的设计呢？当然，这将是另一个教学设计了，与本文无关。

# 附　录

## 一、初出茅庐的收获

一个小学二年级的男孩，调皮而贪玩，经常因此被父母责备。在一次不小心用石子打破同学的头皮后，脾气不好的父亲终于暴怒了，被打出家门的男孩，第一时间来到班主任唐老师的家里（距家很近），泣不成声的孩子在班主任温暖的怀抱中，甜甜地做了一个很温馨的梦。第二天，在唐老师家吃完比妈妈做的好吃几倍的蛋炒饭后，唐老师牵着他的手，第一个来到教室进行早读。这一天，他在班上的表现精彩得让人简直不敢相信，放学排路队回家的时候，爸爸竟然破天荒地等在学校门口，昨天的事情就像没有发生过。后来，孩子终于知道，唐老师在他睡着后，竟然深夜到家家访……从此，这个男孩就一直梦想着自己长大后一定要当能够保护孩子的老师。今天，这个孩子终于长大了，他就是广东省教育科研十一五规划《创建美术教师专业教学与创作工作室的研究》课题组主研人员并担任分课题主持人，"广东省中小学美术课堂教学创研实验基地"主持人，"罗湖区美术教学创研工作室"主持人，红桂小学美术学科科组长的胡云老师。

22年前的1994年，他带着那份热爱，迈进罗湖教育美术老师的行列。他努力钻研美术课堂教学的方法和学生课外训练小组的培训手段，积极向有经验的老教师请教和学习，取得了作为一位初登讲台的青年教师的初步经验。1994年，在罗湖区中小学生现场写生比赛中，因辅导学生的优秀表现，本人获得优秀园丁一等奖，学校因此获集体一等奖；1995年，在罗湖区中小学生现场版画比赛中，本人获优秀园丁一等奖，学校获得集体一等奖；1996年，在罗湖区中小学生现场国画比赛中，本人获优秀园丁特等奖，学校获集体一等奖；同年荣获罗湖区美术教师基本功选拔赛三项全能比赛第三名及罗湖区人民政府颁发的"先进教师"称号；1997年，在罗湖区中小学生现场写生比赛中，本人获得优秀园丁一等奖，学校因此获得集体一等奖。1999年，获罗湖区小学美术教师教学比赛一等奖；2000年，《线描》获罗湖区美术优秀课例评比一等奖，同年在华人地区艺术教育研讨会中小学美术作品展上获区教研中心颁发的优秀辅导老师一等奖，并同获香港教育署、香港教师中心颁发的"优秀辅导老师"称号；2000年，在罗湖区首届艺术教育先进个人评比中，获"美术工作先进个人"称号，作为一线美术老师被罗湖区教育局聘为"罗湖区教育局第一届艺术教育委员会委员"。2000年，作为学校团支部书记，被罗湖区团委评为优秀团干，同时被罗湖区教研中心聘为"罗湖区中青年骨干教师"，同年被罗湖区人民政府授予"先进教师"称号，并最终在2000年的"第六届全国中小学生书画大赛"中获国家教育部颁发的"优秀辅导一等奖"。

2000年，罗湖区教育局在深圳市率先施行学校中层干部竞争上岗体制，给学校的有志青年教师提供了一个更大的舞台来展示自己的能力，由于他作为学校团支部书记，将学校团支部工作开展得有声有色，加之自己在美术学科的教育教学中成绩斐然，于是他很荣幸地被推荐参与了学校的中层干部竞争选拔，并顺利当选，成了学校的一名中层干部，开始了他历时近10年的学校总务主任的工作……这一年，他在罗湖区首届艺术教育先进个人评比中，获"美术工作先进个人"称号，并被罗湖区教研中心聘为"罗湖区中青年骨干教师"。

## 二、学校中层的历练

当选学校总务主任后，给他原来的生活带来了不小的变化，其中最大的变化就是一个"忙"字，忙个不停，不停地忙；总务主任是学校校长的左臂右膀，总务主任肩负的是学校的后勤工作，为全体师生员工提供优良的服务，这一点是服务的宗旨。配合上级部门完成各项指定工作，是总务的职责所在。总务工作是学校工作的重要组成部分，工作要有所创新，工作要做得精细，想师生之所想，急师生之所急。他明白：总务主任的工作性质决定了作为一名总务主任，必须有爱心、热心，同时做事要细心、廉洁，肯吃苦、勤动脑是总务人员必备的素质。因此，初出茅庐的他，带着一定要为全体师生服务好的念头，在工作中多请教、多摸索、勤动手、多跑腿，在最初的那段日子里，着实吃了不少苦头。而一位懂得设计的总务主任，在学校各个功能室的设计中，发挥了重要的作用，他也因此受到了学校领导和老师的赞扬；他不怕吃苦，不怕受累，善于与人沟通，他所在的学校作为当时罗湖区门店最多的学校，与门店店主（针对收不收回合同未到期门店的问题）已经处于水火不容的状态，在不到一年的时间里，他成功地处理好了与门店老板的协调工作，硬是以零投诉、零冲突和完全没有影响学校正常教育教学工作秩序的状况，赢得了当时主管后勤工作的教育局领导的好评，他把手里的总务工作干得如同美术教学辅导中的学生作品一样精彩。

然而，零碎而繁复的总务工作，并没有抹去他头脑中想极力忘却的美术教学工作的那份记忆，反而在偶尔出现的空闲时间里，尝试着回忆那些曾经与孩子们共同相处的快乐时光。繁忙的总务工作并没有带来想象中的成就感，想着与他渐行渐远的可爱学生，想着他那间散发着颜料味道的美术教室，想着和同学们愉快互动的美术课堂，此时的失落却在无形中变得越来越清晰，越来越沉重……

一转眼，时间来到了2009年，周而复始的总务工作对于他来说已经驾轻就熟，已经不再具有原来想象的那般吸引力了，大量琐碎而重复的事务性工作依旧占据了他的大量时间，甚至连寒暑假都很少有属于自己连贯的思考和阅读时间。与之相反，对于一些头脑中不断涌现的美术课堂教学新想法，他总想再次尝试探索与实验，却往往由于总务主任工作的繁忙而不得不无限期地中断。

随着学校各学科教育教学改革实验的方兴未艾，随着电教手段在学科教学中越来越广泛地使用，各学科的课堂教学手段开始变得越来越丰富，越来越精彩，他渴望回归美术教学课堂的想法，似乎也变得越来越明确，越来越不可阻挡。

### 三、难忘初衷的回归

说到这里，就不能不提罗湖区美术教研员陈勇老师了，胡云老师当年得以进入罗湖教育美术教师的行列，正是得益于陈勇老师的面试与推荐。一直以来，陈勇老师都是非常反对美术学科的专业老师担任学校中层管理干部的。随着胡云当年竞争上岗，正式成为当时学校中层干部中的总务主任，得到消息的陈勇老师只好无奈地摇着头，表情里满是无法理解的疑问，每次见面对胡云玩笑般的奚落，成了胡云至今无法忘却的记忆。如今，当胡云决定回归到陈勇老师领导的罗湖一线美术教师队伍中时，陈勇老师依然坦荡地伸出了欢迎的双手。可是，多年落下的专业技巧已然生疏和对课堂教学把握灵感的丢失，让此时的胡云再一次陷入深深的尴尬与惶恐之中，回归教师队伍容易，要想再次获得全体美术老师的认同可就不那么容易了。

而此时罗湖区的教育又是怎样的一幅繁荣景象呢？2007年11月，罗湖区顺利通过广东省教育强区复评。2008年11月，罗湖区又以高分通过深圳市义务教育均衡发展督导验收。2010年1月，罗湖区以优异成绩获得"全国区域教育发展特色示范区"称号。2010年12月，罗湖区以高分通过广东省推进教育现代区先进区督导评估，省督导评估组对罗湖基础教育给予了很高的评价——罗湖基础教育起到了区域性的典型示范作用。2006年至2008年，罗湖区教师参加全国中小学信息技术创新与实践活动获奖人数和奖项级别连续三年在全国名列前茅。在信息化环境下，罗湖区教育信息网在全国教育类网站中处于领先地位，在信息公开、上传下达、互动沟通、质量管理、数据收集、信息存储、网络备课、资源共享等方面发挥着越来越重要的作用。此时的胡云已经深深陷入了自己当年织就的矛盾与纠结当中……

"我目前的水平和能力能够达到作为一线美术老师应该具备的标准吗？"他一直在反复地思考这个问题。但是他知道，基础教育课程标准改革不断深化，要求全体美术老师主动转变教育思维，实现师生之间教与学的地位转换。现实的外部环境的新要求，迫切需要尽快建设一支适应新课改要求的高素质师资队伍，谁在这场变革中率先转变观念，谁就将占据课改的有利地位。这既是一个新的要求，又是一个新的机会。就像陈勇老师鼓励他的那样，只要现在放下心情、轻装上阵、潜心教书、努力学习，一切都还可以从头开始，一切都还来得及。就这样，胡云毅然决然地向学校领导充满歉意地递交了总务主任的辞职报告，重新回归到了罗湖一线美术教师的行列之中。

应该说，当年他在一线美术老师的岗位上，通过自己的努力，还是做出过一些让自己满意的成绩的。但是，当他就要再一次面对阔别已久的学生时，就要走上那既熟悉又陌生的三尺讲台，在鲜活的课堂上与学生进行心与心的交流时，心里竟然涌出一股莫名的兴奋，还夹杂着些许紧张；也难怪，他刚刚经历了一个角色再次变换的过程，此时产生一些复杂的心理变化完全可以理解。不过，长时间离开一线教师队伍，一切外部环境都已发生了巨大的变化，他的头脑里或许还是10年前的教学思维方式和知识储备，唯独没有改变的是他一直苦苦追寻的梦想。陈勇老师的几个反问，真实而残酷地道出了他目前所处的尴尬状况：没有适应现实条件下的充足而丰富的知识储备，如何能够实现教与学的地位转变？如何能把握好上课时与同学们的种种分享呢？一个没有完全理解新课程标准内涵、不能掌握网络条件下的各种现代化信息手段，一个不了解当下课堂教学结构与理念、不具备课堂教学改革新思路的教师，很难想象他会是一名合格的优秀教师。于是，在痛定思痛之后，他开始通过互联网、电视、书籍等多种平台，进行广泛的阅读和学习，为了能上好回归后的美术课，他为自己准备了更充足的知识与资料，希望能与孩子们一起，进行一次符合现代教育理念的课堂分享。因为他明白，既然重新选择了回归，那就应该以平心静气的态度和坚韧不拔的毅力义无反顾地勇敢向前……

时间还真是不等人，转眼已经过去了两年。三尺讲台真是个神圣而又奇妙的地方。只要你往那里一站，一切个人的杂念瞬间都被驱赶到九霄云外去了。面对那些纯洁、天真的目光，面对他们求知的渴望、嗷嗷待哺的神情，你怎能不使出浑身解数，对于传道、授业、解惑，你还能有哪怕是一星半点的吝啬和犹豫吗？这真是太不可思议了。再平凡如胡云这样的人，一旦登上讲台，灵魂便也随之提升起来。那些因个人生活学习的困惑，乃至经历了角色转换的尴尬、亲人亡故等种种人生不幸的为人师者，尽管他自己依旧满腹惆怅、一腔痛苦，只要一登上讲台，简直就如同换了一个人，百感顿消，万虑皆空，努力将个人的生活感受置之度外，用自己全部的精力与学识去面对学生。在讲台上犹如天马行空，神采飞扬；又如勇士奔赴战场，心驰神往。哪还记得那些属于个人的尴尬与窘迫呢？

基于这种纯粹的心理，他在讲台上发挥得似乎特别的好，课堂上他侃侃而谈，内容多多，面对如此状况，说实话，就连他自己都意想不到，感觉还真是不错。这时候，陈勇老师经常通过到校听课、评课、提出建议及聊天等方式，使他认识到自己的教学水平其实的确还很不到位，还需要进行全方位的提升与完善。但是，正如苏联教育学家苏霍姆林斯基所说的那样：明白自己的弱小也是变强的重要一步。他没有灰心，没有气馁，准备再接再厉，继续努力，相信自己一定能达到陈勇老师所认为的合格的一线老师的教学水平。此时的他终于明白：老师绝不是传说中的所谓"教书匠"，而是一份需要倾尽心血才能发光发亮的职业，只要倾尽全力，不断学习、不断充实、不断请教、不断完善，并且坚持自己认同的理念、坚持自己绝不退缩的韧劲，他相信一切就都会好起来的。他是这样想的，当然也是这样做的。

时间来到了2012年5月，深圳市小学美术教学研讨活动在罗湖区翠竹外国语实验学校举行。在香港教育局美术督学林桂光先生，深圳市教科院美术教研员黄宏武老师，宝安区美术教研员张思静老师，坪山新区美术教研员、翠竹外国语实验学校何副校长及来自全市各区的美术教师200余人的见证下，胡云老师以幽默风趣的教学语言、轻松自然的教学仪态、环环相扣的教学进程和设计新颖的教学环节，让学生在充满欢声笑语的课堂上始终保持良好的注意力，高效而愉快地完成了本次美术教学研讨课的教学任务，赢得了在场专家、老师们的一致好评。最后，香港教育局美术督学林桂光先生高度肯定了这堂美术课，认为这节课是新课程改革标准实施以来的成效体现。至此，在陈勇老师的引导之下，经过自己的艰苦努力，在获得在场全体美术老师的一致赞扬中，胡云由学校总务主任到一线普通美术老师的尴尬回归，算是基本完成了。

## 四、坚守与创新的收获

初步的成功，说明他还是具备作为一名合格的一线美术老师的基本素质的，然而，能否持续获得同行们的肯定和认同，又是对他全面能力和素质的一次考验。正是因为有着这样的思考，他开始了对自己今后作为美术老师专业成长方向和定位的一次抉择。这时候，陈勇老师再度出现在他作为美术老师重要的一次专业成长方向选择的节点上，陈勇老师的一句话让他始终牢记于心：认真地思考、静心地积淀、精心地准备、广泛地阅读、深度地理解及不停地尝试，才是一个人有所成就的必备条件，学习别人的长处会使你获得力量，而创新司空见惯的做法会让你与众不同。因此，阅读和思考成了他的工作常态，反思自己课堂教学的缺失与不足，成了他经常的必修功课，渐渐地，他发现：信息化、网络、课堂教学、学生自主发展社团这些新词汇高频率地出现在各大媒体与报端，那我们的美术课堂教学是否也可以如此这般地进行一番尝试性探索呢？在这个思路得到陈勇老师的赞扬和肯定之后，他开始了新一轮的准备工作：阅读大量的专业教学理论书籍，浏览大量的课堂教学经验和论文，吸收大量的优秀课堂教学视频经验和手段，以及在自己学校的小范围内进行的各种尝试性的教学手段的探索。一场美术课堂教学新尝试就这样悄然无息地开始了。

2015年3月23日，南国深圳春暖花开，2015年广东省特色美术课堂教学研讨会在布心中学隆重举行。教育部艺术教育委员会委员、国家美术课标组组长尹少淳教授，教育部艺术教育委员会委员、广东省美术教研员周凤甫教授，华东师大美术学院教学与科研副院长王大根教授，深圳市教育局德体艺卫钟子荣处长，罗湖区教育局督导室曾寿宏主任，罗湖区教育科学研究中心潘明琴主任等领导及来自全省各市的260多名教研员和美术骨干教师出席了会议。在陈勇老师的推荐与指导之下，胡云老师在本次研讨会上展示了一节小学美术欣赏课《源远流长的古代美术之〈早春图〉欣赏》，这节课胡云老师把自己近来对美术课堂教学的思考与探索的一些手段和方法，都运用在课堂教学上，并结合Moodel这个新的信息化教育平台展开教学。上课前学生通过平台完成了对课本资料的预习，课堂上胡云老师以建构主义理念将10个问题逐步延伸，引导学生展开自主探究学习，从而拓宽视野，突破难点，发展能力。学生们自主探究学习的能力、课堂上面对问题的出色表现及红桂小学常态教学中的iPad课堂都令现场来自全省各地市的骨干美术老师和观课代表深深叹服。中山市美术教研员沈文老师则围绕"特色"一词展开了对胡云老师这节欣赏课的评价，沈文老师鼓励全省所有美术教师都应该像胡云老师一样敢于探索和实践，并逐步形成自己的教学思想和风格。在这次活动中，来自全省各地市的骨干美术老师一致认为：这次研讨会既听到了专家们高瞻远瞩的专业理论，又观摩了具有全国一流水平的课堂教学，还与来自外地的部分美术同行进行了深入的研讨，这都将对自己今后进行美术教学和教研起到推动与促进作用。尤其是研讨会后，广东省教研员周凤甫教授非常满意胡云老师作为一线美术老师的探索精神和卓有成效的尝试成果，当即决定把"广东省中小学美术课堂教学创研实验基地"的牌子授予他所在的学校，并认定胡云老师为实验基地的主持人。应该说，这次广东省美术特色课堂研讨会的成功尝试，为他对小学美术课堂教学的新结构、新手段、新方法和新理念的尝试性探索，提供了一次很好的检验和评估，也进一步坚定了他在美术课堂教学创研方面继续尝试与探索的决心与信念，他向前迈进的步子变得更加有力、更加坚定了。

早在2008年，罗湖区美术教师在陈勇老师的引领下，先后成立了"王婧创意版画工作室""王建创意国画工作室""李倩茜创意陶艺工作室""林雪玲创意油画工作室"等10个以老师个人名字命名的美术学科表现技巧类工作室。为了丰富罗湖区美术老师工作室的组成类型，陈勇老师一直想在罗湖区成立一个以美术课堂教学创研为主要工作任务的工作室，而此时的胡云老师已经经历了多次省、市两级公开课的磨砺，他已经对美术课堂教学有了更深的理解与认识，加上自己近20年的一线课堂美术教学经验，已经对美术课堂教学产生了新的探索思路和思考。他认为：这个美术课堂教学创研工作室，应该在形式与内容上，区别于其他工作室的专业高度及其他学校单一专业技巧训练的大面积覆盖现象，重点探究课堂教学创研、学生自主社团发展及相关评价系统，尝试构建以学生自我认识、自我感受、自我反思的自主学习为主体特征的美术校园文化。将学校美术课堂教学标准与学生具体的基于美术学科特征（美术欣赏、平面与立体造型能力、综合制作等）的实际操作结合起来，在社团活动实践中检验和展示美术课堂的双基能力，社团活动的实际操作能力又来自美术课堂教学的学习效果，从而尝试达到学生的实际操作与教师的课堂教学的相互促进、共同提高的效果与目的，并且建立一套行之有效的学生美术素养评价系统，使我们的课堂教学成效与学生自主欣赏社团的成果有一个可以量化和评价的系统。与胡云老师就美术课堂教学的创新与探索进行了几次比较深入的认识交流与思路碰撞之后，陈勇老师经过慎重考虑，最终决定由胡云老师来牵头实施这个想法。

2015年9月25日，广东省中小学美术课堂教学创研实验基地暨罗湖区胡云美术创研工作室挂牌仪式在深圳市红桂小学举行。国家艺术教育委员会委员、广东省美术教研员周凤甫教授，深圳市美术教研员黄宏武老师，罗湖区教育科学研究中心扈乐乐书记，罗湖区美术教研员陈勇老师出席并见证了这一时刻。我们知道，鼓励一线教师在自己的工作岗位上开展适合于自身专业发展的教学研究，并尝试向研究型教师方向成长，让一线教师学有所长、教有所悟、研有所得、论有所专才是他们的真正期待。他们对胡云美术教学创研工作室挂牌表示了由衷祝贺的同时，分别对工作室挂牌后的工作提出了具体的要求和建议，并希望工作室的全体成员继续发扬罗湖美术教育这个群体所具有的坚韧不拔、团结合作及不断进取的精神特质，并以此为契机，努力研究，不懈探索，勇于突破，早结硕果。

红桂小学冯创业校长代表全校1500余名师生，感谢上级领导和专家一直给予罗湖区美术学科的支持与厚爱，同时也感谢他们对红桂小学教育教学工作的信任与鼓励。他表示：学校将全力支持胡云美术教学创研工作室的工作，并要求学校各学科的教育教学工作能够秉承务实作风，以踏实教学、严谨探索的工作精神，让教育改革的星星之火，能够在学校形成燎原之势，努力树立各自学科的教学特色，为学校的可持续发展奉献出自己的那份热血和才华，共同打造一支以勇于创新、团结合作和锐意进取为特征的学校团队，为深圳的教育事业做出贡献。

胡云美术教学创研工作室的成立，应该说对于他在美术课堂教学探究方面是极大的鼓舞和激励。正如胡云老师说的那样：面对各级专家和领导的厚爱和支持，胡云心存志忑；虽然这是一件充满了未知困难和挑战的事情，脑海里也不时浮现出一些可能出现的惨淡与失败，但是，维护和捍卫罗湖美术教育这个群体的集体荣誉与尊严，并为此贡献出自己力所能及的那份光和热，是每一位罗湖美术老师都应该肩负的责任，和罗湖美术教育以往的成就与精彩相比，个人的困难与失败又算得了什么！更何况在他身后，有能量巨大的罗湖美术学科的群体支持，有甘心为每一位成员服务的陈勇老师的支持，有不断激励、帮助和引领美术学科发展的红桂小学冯创业校长和全体老师的支持，有富有教育情怀和梦想的团队成员的共同努力，他依然觉得自己充满了力量。既然选择了远方，那就让我们一起风雨兼程吧。

胡云是这么说的，也是这么做的。工作室成立不久，他很快就拿出了自己对工作室的整体规划，确立了工作室的主要探索方向和创研重点：①MFI课堂教学模式的创研思路的实施；②学生美术社团建设的发展路径探究；③学生成长过程的评价体系构建尝试。

在各级领导的鼓励和支持之下，在自己努力探索与持续的坚守之中，他取得了一些不错的成绩。2015年7月，在江西南昌进行的第十三届"全国中小学信息技术创新与实践活动"微课程评优项目决赛中，胡云老师设计的微课以美术科学第一名的成绩，荣获全国一等奖（一共两名一等奖）。2015年12月，胡云老师设计制作的微课"《早春图》微课系列分析篇"荣获2015年罗湖区微课设计与制作大赛特等奖；"《早春图》微课系列欣赏篇"荣获2015年罗湖区微课设计与制作大赛一等奖。2015年12月，在2015中国童话节上，胡云老师荣获优秀辅导一等奖。2015年12月，在"罗湖区首届美术学科学生自主欣赏社团展演"活动中，胡云老师指导的学生社团表现出色，充分展现了学生自主探究的精神和能力，获得广泛好评。2015年12月29日，深圳市中小学美术素质测评现场会在罗湖区大望学校举行。深圳市教育局领导、罗湖区教育局刘荣青副局长，教科培中心潘明琴主任，扈乐乐副书记及全市各中小学主管艺术教育的副校长、各区教研员、骨干教师共130余人莅临。胡云老师指导的学生自主欣赏美术社团，作为现场会上深圳市唯一的学生社团代表，进行了精彩展示。红桂小学的社团活动及其测评有着鲜明的特点，他们学校六（4）班梦绘美术社团的"围巾欣赏专题演讲"视频展播也成了现场会吸引眼球的亮点。胡云老师也应邀在大会现场分享了他们工作室对于学生自主欣赏社团的做法和经验。2015年12月，他的实践论文《美术课堂教学与学生社团关系重构的研究》获广东省一等奖；2016年3月30日上午，罗湖、盐田两区美术学科"结对子"活动在盐田区海涛小学隆重举行。区际结对研课是深圳市教科院主导下的一项重点工作，也是市级教研活动重心下移到学校的一种创新举措，旨在通过区际间的帮扶支持、交流碰撞，达到共同发展共同提升的目的。罗湖区教科培中心与盐田区教研中心联合承办的这次活动在全市率先亮相，起到了先行先试的引领作用。与会教师来自各区，百余名骨干教师中不乏学界名师亲临助阵，如深圳市教育科研专家工作室主持人陈勇，深圳市名师工作室主持人翁宏国、王婧，还有市名师马琳、张晖及各工作室成员。来自红桂小学的胡云老师，带着他对美术课堂教学的新探索与新思考，向与会老师和专家展示了一节美术欣赏课《神州大地之旅》。由于是借班上课，他与学生之间彼此并不了解，课前，胡云老师幽默地与学生互动，瞬间拉近了师生彼此之间的距离；课中，胡老师自然风趣的教学语言深深吸引了学生，一丝不苟、滴水不漏的思维引导，使整堂课前呼后应、环环相扣、层层递进，胡云老师还巧妙地将预设和生成处理得恰到好处，既尊重了学生在课堂上的独立思考，又成功地将课堂的节奏与脉络调控始终都把握在自己手中，使一节难度颇大的美术欣赏课程更显完美。课后，在深圳市美术教研员黄宏武老师主持下，罗湖、盐田两区美术教研员陈勇老师与张世勇老师、深圳市美术学科兼职教研员张晖及翁宏国老师、深圳市名师马琳和王婧老师先后发表了评课感言，其中全国美术学科现场教学大赛一等奖获得者张晖老师、马琳老师对胡老师的导图式教学方法大加赞赏，精彩的教学展示及出众的专家点评使座无虚席的海涛小学美术室里洋溢着兴奋而愉快的气息，一幕幕场景让人回味无穷，一个个精彩片段叫人受益匪浅。这无疑也进一步鼓舞了胡云老师对于美术教学创研工作的信心，坚定了他坚守继承与不断创新的决心，可以期待，在全体美术老师的支持下，在"领头羊"陈勇老师的引领下，胡云老师将信心百倍地继续他的美术教学创研之路。

## 五、可以期待的未来

2016年1月19日下午，胡云老师工作的红桂小学迎来了一位重要客人，他就是国家教育部美术学科课标组组长、首都师范大学博士生导师尹少淳教授。红桂小学冯创业校长、主管教学的肖牧副书记及部分学校行政和美术老师在学校会议室聆听了尹教授对学校教学工作，特别是美术学科工作高屋建瓴的指导和建议。在随后的座谈中，罗湖区美术教研员陈勇老师向尹教授重点汇报了关于《深圳市罗湖区MO美术素养测评模式》的相关情况。胡云老师也就美术课堂教学的一些尝试性思路及胡云美术教学创研工作室的主要探索方向和创研重点的想法向尹教授提出了自己的思考和疑问。尹教授高度赞赏作为一线美术教师对于课堂教学的创研工作能够如此尽心尽力，这种创研精神是值得所有老师学习的，随后，他针对美术教学创研工作，提出了自己的一些具体指导建议。

他说："一线美术教师立足自己的工作岗位，对自己所从事的教学工作进行力所能及的归纳、总结和创新，这本身就是一件很了不起的事情。课堂教学的创研工作不是一件轻松的事情，需要付出非常多的精力，需要有特别坚强的毅力，非常不容易。罗湖区的教学研究工作一直走在深圳市、广东省乃至全国的前列，期待罗湖区继续走出自己特色的教研之路，期待胡云在陈勇老师的引领下，取得阶段性的教学创研成果。"

正如尹教授说的那样，课堂教学改革之路充满了荆棘，遍布着困难，的确需要我们一线教师具备坚韧不拔的毅力，需要我们进行持续的学习，需要我们不断地思考，还需要我们始终保持不怕失败的昂扬斗志，以健康的体魄来维持我们工作所需要的充沛精力。同时，我们绝不可以忘记自己来时的路，不忘我们的初衷，只有把握住了正确的探索方向，我们才不会迷失。我们一直前行的路上，我们一直还在路上，我们正行走在我们热爱的教改的路上，我们已经在路上了，我们义无反顾，我们坚定不移！